JN048370

◀まえがき▶

　奥様（この本を手にとってくださった貴女）は、ご主人がお亡くなりになった後のことを、お考えでしょうか。

　ひとりになったら大好きな旅行にたくさん行けるし、趣味のカラオケにも通えるし、お友達とのショッピングも気にせずに……なんておはなしも聞こえてきそうですが、楽しいことばかりではありません。

　故・ご主人を被相続人とする相続があるからです。

　たとえば、お子様がいないご夫婦の場合、よく対策をしておかないと、遺産争いになってしまうかもしれません。お子様がいない夫婦の相続人には、奥様だけではなく、ご主人の兄弟姉妹も含まれるためです（両親が他界している場合）。今まで夫婦2人で築き上げてきた財産を、ご主人の兄弟姉妹にまで分けるというのは、不本意ではないでしょうか。

　このような事態は、生前に遺言書を作成して、奥様に全財産を相続させる旨を明記してもらっておけば回避できます。

　また、一家で支払う相続税がいくらになるか、把握できていますか。

　「ウチは財産なんてほとんどないし、相続税は関係ないわ」という人も多いものですが、2015年の相続税法改正で相続税の基礎控除が縮減されたため、納税対象者は改正前の2倍に増加しています。筆者が取り扱ったケースでも、ご自宅の土地建物とちょっとした退職金の残りがあるだけで、相続税の申告・納税が必要になるケースが少なからずありました。相続税額が想定外に高額となってしまえば、その準備も一苦労です。ご主人が健在であるうちに、や

がて発生する相続税の金額をきちんと把握したうえで、お金の算段をしておけば、そのような事態にはなりません。

このほかにも、生前にきちんと相続対策しておかないと大変になることが、たくさんあります。

準備はできていますか？

いざというとき、行動できそうですか？

この本は、相続案件の経験豊富な司法書士・行政書士と税理士が、それぞれ「法」と「税」の視点から、「奥様」（既婚の女性）に向けて相続にまつわるあれこれを解説した指南書です。相続に関する書籍は多数ありますが、本当の意味で「奥様」向けの書籍は、それほど多く出版されていないのではないでしょうか。とはいえ、平均寿命が長いのは女性のほう（2019年では男性で81.25歳、女性87.32歳）ですし、筆者の実感としても、相続に関するご相談で圧倒的に多いのが「ご主人が亡くなった奥様」です。

本書に目を通していただければ、奥様が相続の前後に直面する可能性のある諸問題と、その対応策を事前に把握できます。

本書が、相続に向き合う奥様のお役に立つことができれば幸いです。

令和2年10月

筆　者

相続税申告と、亡くなったご主人の所得税申告

1 ① 相続税額の把握から始まる相続対策

夫に先立たれたら、相続税って必ず、誰にでも課税されちゃうの？

 いいえ、相続税には「基礎控除」という無税の範囲があります。ご主人から相続した財産が、この基礎控除以下であれば、相続税はかかりませんし、相続税申告も不要です。

あら、そうなのね。
ウチの場合は、その基礎控除の範囲内なの？

 基礎控除の金額は「3,000万円＋600万円×法定相続人の数」です。奥様のご家庭の法定相続人が4人でしたら、財産が5,400万円以下であれば、相続税のご心配には及びません。

……範囲内ではないみたい。相続税はいくらになりそうかしら。

遺産総額と相続人の数から算定できる早見表がありますので、概算を出してみましょう。

✅ 相続財産が基礎控除以下であれば、相続税はかからない

奥様より先にご主人が亡くなり、故・ご主人（被相続人）の遺産を奥様ら遺族が相続することになった場合、相続税の申告と、相続税の納税をしなければなりません。

ただし、相続した遺産の総額が「基礎控除」の範囲内であれば、相続税が課税されないばかりか、その申告すら不要となります。

基礎控除の金額は、法定相続人の人数によって変わります。計算式は次の通りです。

相続税の基礎控除額＝

3,000万円＋600万円×法定相続人の数

相続財産が基礎控除額を超える見込みという方は、相続税資金の準備や、財産を基礎控除内に収める相続税対策を検討しましょう。

相続税額早見表

　おおよその遺産総額の見当がつけば、相続税額の概算額もわかります。

　いうまでもありませんが、ここでの「遺産総額」はご主人（被相続人）名義の財産です。奥様が所有する財産は含まれません。

　また、細かな点として、次の2点に留意してください。

❶　ご主人に借金がある場合、その金額を遺産総額から差し引く。

❷　不動産等は、購入価格ではない。宅地なら路線価、建物なら固定資産税評価額で算出した相続税評価額。

　それでは、奥様を含む一家に発生する相続税額がおよそいくらになるのか、「早見表」で確認してみましょう。早見表は、相続人の構成別に4つあります（**図表1−A〜図表1−D**）。ご自身のケースにあう表をご参照ください。

　なお、これら早見表の相続税額は、奥様の相続分を法定相続分とした場合の金額です（後述する「配偶者の税額軽減」適用後）。

［図表1－A］ 相続税額早見表（相続人が奥様＋子供のケース）

基礎控除前 の遺産総額	子供の人数			
	1人	2人	3人	4人
5,000万円	40万円	10万円	0円	0円
6,000万円	90万円	60万円	30万円	0円
7,000万円	160万円	113万円	80万円	50万円
8,000万円	235万円	175万円	137万円	100万円
9,000万円	310万円	240万円	200万円	163万円
1.0億円	385万円	315万円	262万円	225万円
1.5億円	920万円	748万円	665万円	588万円
2.0億円	1,670万円	1,350万円	1,217万円	1,125万円
2.5億円	2,460万円	1,985万円	1,800万円	1,688万円
3.0億円	3,460万円	2,860万円	2,540万円	2,350万円
3.5億円	4,460万円	3,735万円	3,290万円	3,100万円
4.0億円	5,460万円	4,610万円	4,155万円	3,850万円
4.5億円	6,480万円	5,493万円	5,030万円	4,600万円
5.0億円	7,605万円	6,555万円	5,962万円	5,500万円

（1万円未満は切捨て、以下同じ）

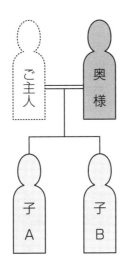

［図表 1 － B］　相続税額早見表（相続人が奥様と義両親のケース）

基礎控除前の遺産総額	義両親の人数	
	1人	2人
5,000万円	26万円	6万円
6,000万円	63万円	40万円
7,000万円	107万円	81万円
8,000万円	156万円	125万円
9,000万円	210万円	170万円
1.0億円	271万円	222万円
1.5億円	660万円	583万円
2.0億円	1,131万円	1,004万円
2.5億円	1,742万円	1,544万円
3.0億円	2,353万円	2,100万円
3.5億円	2,982万円	2,659万円
4.0億円	3,704万円	3,326万円
4.5億円	4,427万円	3,993万円
5.0億円	5,157万円	4,662万円

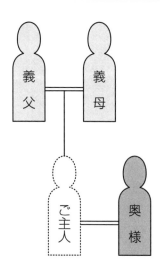

1

相続税申告と、亡くなったご主人の所得税申告

[図表 1 − C]　相続税額早見表（相続人が奥様と義理の兄弟姉妹だけのケース）

基礎控除前の遺産総額	義理の兄弟姉妹の人数			
	1 人	2 人	3 人	4 人
5,000 万円	24 万円	6 万円	0 円	0 円
6,000 万円	59 万円	36 万円	18 万円	0 円
7,000 万円	100 万円	75 万円	50 万円	30 万円
8,000 万円	141 万円	117 万円	92 万円	67 万円
9,000 万円	195 万円	160 万円	133 万円	108 万円
1 億円	251 万円	213 万円	181 万円	150 万円
1.5 億円	625 万円	563 万円	510 万円	465 万円
2 億円	1,089 万円	999 万円	923 万円	855 万円
2.5 億円	1,620 万円	1,505 万円	1,429 万円	1,353 万円
3 億円	2,182 万円	2,016 万円	1,935 万円	1,860 万円
3.5 億円	2,791 万円	2,580 万円	2,474 万円	2,392 万円
4 億円	3,410 万円	3,162 万円	3,037 万円	2,955 万円
4.5 億円	4,044 万円	3,747 万円	3,613 万円	3,517 万円
5 億円	4,756 万円	4,422 万円	4,246 万円	4,125 万円

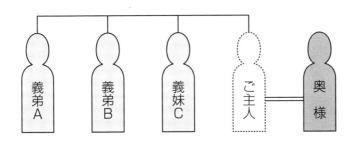

① 相続税額の把握から始まる相続対策

［図表１－Ｄ］　相続税額早見表（ご主人も奥様も故人で、相続人が子供だけのケース）

基礎控除前の遺産総額	子供の人数			
	1人	2人	3人	4人
5,000万円	160万円	80万円	20万円	0円
6,000万円	310万円	180万円	120万円	60万円
7,000万円	480万円	320万円	220万円	160万円
8,000万円	680万円	470万円	330万円	260万円
9,000万円	920万円	620万円	480万円	360万円
1.0億円	1,220万円	770万円	630万円	490万円
1.5億円	2,860万円	1,840万円	1,440万円	1,240万円
2.0億円	4,860万円	3,340万円	2,460万円	2,120万円
2.5億円	6,930万円	4,920万円	3,960万円	3,120万円
3.0億円	9,180万円	6,920万円	5,460万円	4,580万円
3.5億円	1億1,500万円	8,920万円	6,980万円	6,080万円
4.0億円	1億4,000万円	1億920万円	8,980万円	7,580万円
4.5億円	1億6,500万円	1億2,960万円	1億980万円	9,080万円
5.0億	1億9,000万円	1億5,210万円	1億2,980万円	1億1,040万円

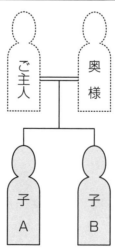

相続税額早見表のあてはめ

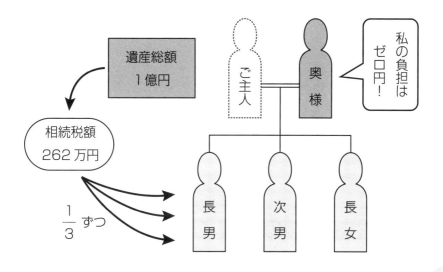

　たとえば、上の家系図のケース（相続人が奥様＋子供3名、遺産額1億円）を、**［図表1−A］**の表にあてはめると、相続税額は262万円です。この262万円が、この相続で一家に発生する相続税です。

　この相続税額262万円は、後述する「配偶者の税額軽減」が適用された金額になっていますので、奥様の負担は0円です。子供3名で3分の1ずつ負担することになります。

 ## 奥様への相続税は軽減される

　既に登場していますが、奥様への相続税には「配偶者の税額軽減」というものがあります。奥様が取得した遺産総額が「1億6,000万円もしくは奥様の法定相続分相当額」までであれば、奥様には相

続税が課税されない、という制度です。

「奥様の老後の生活保障のため」「奥様はご主人の財産形成に寄与している」といった趣旨から、このような制度があります。

このため、奥様がご自身で相続税を納めるケースというのは、実はまれです。

たとえば上記ケースで、遺産1億円をすべて奥様が相続した場合も、奥様が負担する相続税額は0円となります。この場合、子供3名の相続税は、二次相続（奥様から子供への相続）に持ち越されることになります。

✔ 相続税額の把握こそ、対策の第一歩

早見表で得られた相続税額は、あくまで概算ですが、相続税対策のための現状把握には十分でしょう。

およその相続税額が判明したら、今この瞬間、ご主人に万が一のことがあった場合、（一家として）その税額を現金一括で納税できるか、確認しましょう。

遺されたご主人名義の現預金（ただし、ただちに全額を使えるわけではありません。2−③参照）や、奥様・お子様名義の預貯金で納めることができるなら、問題はないといえます。

一方、そのようなアテに乏しい場合は、生前贈与による節税、不動産の売却・現金化、相続税の延納や物納など、納税資金対策を講じなければなりません（1−②参照）。

筆者のもとには多くの相続税対策の問合せや相談がありますが、

そのうちおよそ8割の人は、ご自身が相続税申告の対象となるかどうかすら把握していません。相続税の課税がない（遺産が相続税の基礎控除額以下）のであれば、そもそも相続税対策など不要です。

　また、財産把握（課税される相続税額の試算）の結果、相続財産の現金預金から全税額が払えるようであれば、なにも対策を講じなくてよいわけです。対策を講じないことが相続税対策、という場合もあるのです。

　「把握こそ相続対策の第一歩」という所以です。

相続税対策は、生前に行うほうが効果大

　相続税対策には、生前に行うもの（資産の移転、売却、評価減……）と、相続発生後に行うもの（遺産の分割・評価の工夫、不動産売却時の特例活用……）に大別できます。2つのうち節税効果が高いのは、圧倒的に「生前の対策」のほうです。

　相続税は、相続開始日に被相続人が所有している資産について課税されますので、その後に資産を増減させるのではなく、生前から課税対象となる資産を減らす等の工夫が有効です。

　ただし、生前といっても相続の直前（たとえば「余命3か月」と宣告された後）で付け焼刃な対策を講じると、税務調査で痛い目を見ることになるおそれがあります。

　ご主人が健在なうちから、相続税対策を始めましょう。

1 ② 相続税対策と納税資金対策

試算してみたら、資産を銀行預金で持っているより、不動産として持っているほうが、相続税が低くなるみたいだから、節税のために不動産を買おうと思うの。
これで我が家の相続税対策はバッチリね。

はたしてそうでしょうか。
相続税の節税をしただけでは、必ずしも安心とは限りませんよ。

どういうこと？
税金が低くなったほうが良いに決まっているじゃない。

相続税対策を考える際は、相続税の「納税資金対策」も重要です。
仮に今、ご主人の相続が発生したとして、試算した相続税額を、現金一括で納税可能ですか？
その後の生活費に不安はありませんか？

たしかに、資産をすべて不動産に変えてしまったら、現金が心許ないわね。私は「配偶者の税額軽減」があるけど、子供たちが心配だわ。

いくつかの納税資金対策や、物納・延納という
方法がありますので、一つずつ検討してみま
しょう。

✅ 遺産の換金性が低いなら　　　　　　納税資金対策が必要

　相続人（奥様や子供など）への遺産分割においては、土地・建
物、家財、書画といった換金性の低い財産でも承継されます。しか
し、税務署への相続税については、（後述する物納・延納といった
例外を除き）「現金一括払い」で支払わなければなりません。相続
税対策の結果、相続税をゼロ円もしくは遺産を基礎控除以下にし、
申告不要にまでできればその心配は不要ですが、相続税の支払いが
必要にもかかわらず、遺産が換金性の低い不動産等がメインという
ケースでは、納税のための現金を用意しなければなりません。これ
が「納税資金対策」です。

　該当するという奥様は、相続税対策と併せて納税資金対策を検討
してください。

　納税資金となる現金を用意する方法としては、たとえば相続した
不動産を売却する、相続した不動産を担保に金融機関から借入れを
行う、等々が考えられますが、これらはあまり望ましい方法ではあ
りません。その不動産が自宅であれば、相続税支払いのために売っ
てしまっては住む場所がなくなってしまいますし、不動産の売却に
は譲渡所得税もかかります。借入れをするにしても、金利の分、金
銭的負担が増えます。

相続税対策と納税資金対策のバランス

　相続税額を下げる一番の方法は、ご主人（被相続人）の財産価値を減らすことです。

　たとえば、よくある不動産投資をする節税策をとったとします。現金預金を2億円持っている人が、相続税対策も兼ねて、不動産投資をしました。相続税の計算上、現金預金2億円は2億円の評価ですが、賃貸用建物に投資したところ、約8,000万円まで評価額を圧縮することができました。相続税の課税対象となる財産を1億2,000万円も減らすことができたので、大きな節税になりました。
　ところが、相続人が1人である場合、相続税額は680万円です。預金2億円をすべて不動産に変えてしまっては、相続税を納めることができません。
　一方、とくに相続税対策をせず、2億円を現金預金で持っていた場合、相続税額は4,860万円になりますが、手元の現金から納めることができ、納税後も1億5,000万円もの現金預金が手元に残ります。

　相続税を下げることばかりを優先した結果、納税資金に困ることのないよう、相続税対策と納税資金対策のバランスをとることが大切です。

納税資金対策⑴ 110万円ずつ暦年贈与

　相続税対策としても最もポピュラーなのが、毎年110万円ずつ、何年もかけて生前贈与（⑤-①参照）する方法です。

① 相続税申告と、亡くなったご主人の所得税申告

贈与税は暦年で110万円までは課税されませんので、無税で相続税の対象となる財産を減らすことができ、さらに納税資金対策にもなります。

　ご主人の財産が減り（＝相続税が下がり）、奥様や子供の現金預金が貯まる（＝納税資金が用意できる）、というわけです。

✅ 納税資金対策⑵不動産を現金に組換え

　財産のほとんどが不動産である場合、このまま相続が発生してしまえば納税資金に困ることは先述の通りですが、これを生前に売却してしまう方法も一つの手です。

　通常、よほどの好物件でもないかぎり、不動産の売却にはある程度の期間が必要です。相続発生後に売却しようとすれば、売り急がざるを得ませんが、生前であれば、価格交渉や条件交渉等をゆっくり行い、良い条件での売却ができるでしょう。

　ただし、譲渡益に対しての所得税課税や、小規模宅地の減額特例（5－①参照）との兼ね合いもありますので、所得税・相続税の試算等を行ったうえで実行するべきです。

✅ 納税資金対策⑶生命保険の活用

　生命保険は相続ととても相性が良いです（4－①参照）。納税資金対策においても、同じことがいえます。

　保険金には「500万円×法定相続人の数」までの非課税枠があるので、遺産を大きく目減りさせずに現金を受け取ることができます。また、相続発生後に凍結されてしまう預金口座（2－③参照）

とは異なり、遺産分割協議前に保険金を手にすることができるのも大きなメリットです。

　納税資金対策としては、相続発生後の相続税額の予想額を算出し、その額に見合う保険金が支払われる生命保険に加入しておきましょう。

✔ 納税資金対策(4)専従者給与の活用

　ご主人が青色申告で不動産業を営んでいる場合、青色専従者給与の届け出をすれば、生計を一にしている奥様であっても給料を受け取ることができます[1]。

　生計を一にしている奥様が青色専従者となり、ご主人から年間で103万円以下の専従者給与を支払ってもらいます。すると、この給与はご主人の経費となって所得税を減額することができ、財産額が減るので相続税対策にもなります。

　一方、奥様は、年間103万円以下であれば、所得税を課税されずに現金を受け取ることができます。

　もちろん、実態として不動産業に従事していることが大前提です。ご留意ください。

　対策(1)暦年贈与と併用することで、年間213万円、無税で奥様へ資金移転できます。この資金を蓄積して、納税資金とします。

---

[1]　給与を受け取る方が15歳以上で、原則6か月超その不動産業に従事していることが、要件となります。

納税資金対策(5)
納税準備預金口座の開設

　金融機関には、納税準備預金口座というものがあります。いわば、納税資金対策のための定期積立口座です。

　通常の口座との違いは、㊀利息（20.315％）が非課税であること、㊁目的外引出（納税以外の用途に使うこと）をすると預金利息に課税されてしまうこと、です。

　納税準備預金の金利を優遇している金融機関もありますので、活用するとよいでしょう。

 ## 相続税の延納

　相続税を申告期限までに納税できないという場合は、申告期限までに申請して認められることで、「5年〜20年」に分割して納付することができます。これを相続税の「延納」といいます。

　取り急ぎ手元の相続財産の預貯金・現金等で相続税額の一部を納め、残額を延納申請することもできます。

　延納が認められる主な条件は、次の通りです。

- 相続税額が10万円超
- 金銭一括納付が困難な事由がある
- 延納税額および利子税額に相当する担保(不動産等)を提供

　「手元にある現金を減らしたくないから」といった理由だけでは、延納は認められません。

　延納は、本来納めるべき相続税に加え利子税がかかります。利率によっては、不動産等を担保に銀行から借りたほうが利率が安い、

というケースもあり得ますので、慎重な検討が必要です。

相続税の物納

　金銭一括納付が困難な場合で、かつ、延納による納税も困難な場合は、納税者の申請により、相続した相続財産自体で相続税を納めることができます。これを「物納」といいます。

　物納が認められる主な条件は、次の通りです。

- 延納によっても金銭で納付することが困難な事由がある
- 納税が困難な金額内
- 申請財産が定められた種類の財産である

　「現金で払うのがイヤだから、いらない相続財産を相続税の支払いにあてよう」といった理由では、物納は認められません。

　相続税の物納は、価額が相続税評価額で算定されるため、市場価額よりも相続税評価額が高い場合、売却するよりも有利になり得ます。また、売却が困難な不動産物件を、物納により処分できる場合もあり得ます。

　ただし、土地を物納する場合、測量と境界確定費用が必要になります。その結果、物納が認められなかった場合も、その費用は返ってはきません。

1 ③ ご主人が亡くなった年の準確定申告

主人は生前、所得税の確定申告を毎年していたのだけど、亡くなった年はどうすればいいの？
無申告でOK……なわけ、ないわよね。

そうです。通常の確定申告は、翌年の3月15日までに行いますが、相続発生の際は、亡くなった日から4か月以内に「準確定申告」をしなければなりません。

相続税だけじゃなく所得税も納めるなんて……。
その準確定申告は、やっぱり私がすることになるのかしら。

相続人が共同で行う趣旨のものですが、実際には相続人の代表者が申告することが多いです。
被相続人がご主人であれば、奥様が申告することが多いですね。

実際にやってみようとしたら、集計やら資料収集やら難しいわ！
主人の収入やら扶養の状況は、いつの時点のもので集計するの？

収入は1月1日〜亡くなった日まで。
扶養の状況は、亡くなった日で判断します。
いろいろ難しいところがありますので、サポートいたします！

✔ 亡くなったご主人の 所得税の準確定申告

通常の確定申告（生きている人の確定申告）は、ある年の「1月1日〜12月31日」の所得や所得控除を、その翌年の3月15日までに申告することで、その税額を確定させるものです。

同様に、亡くなった方についても、その方が次の❶〜❹のいずれかに該当する場合は、期限内に「準確定申告」という確定申告が必要です。

❶その年に給与所得があり、年末調整が済んでいない

給与所得があって、年の途中で亡くなった人には、勤務先による年末調整がされていません。

準確定申告をすることで、所得税が還付されることもあります。

❷公的年金等に係る雑所得が一定額以上

「公的年金等に係る雑所得」の金額から所得控除を差し引いて、残額がある人は、準確定申告の対象です。

公的年金等に係る雑所得が400万円以下で、かつ、その全部が源泉徴収の対象である場合は、準確定申告は不要です。

❸退職金を受け取っており、元勤務先に申告書を提出していない

　一般的に、退職金（退職所得）に係る所得税等は、源泉徴収により課税されます。

　そのため、退職金等の支払者（元勤務先）に「退職所得の受給に関する申告書」を提出していない場合は、準確定申告をしなければなりません。

❹次の計算において残額がある[2]

> (1)　各種の所得の合計額（譲渡所得や山林所得を含む）から、所得控除を差し引いて、課税される所得金額を求める
> (2)　課税される所得金額に所得税の税率を乗じて、所得税額を求める
> (3)　所得税額から、配当控除額を差し引く

　亡くなったご主人が、生前に確定申告をしていた方であれば、準確定申告もしなければならないケースが多いでしょう。

 ## 準確定申告の手続きは誰がするのか

　準確定申告は、納税者の相続人および包括受遺者（以下、単に「相続人」といいます）が行わなければなりません。相続人が複数名いる場合、通常は代表者が、各相続人が連署した準確定申告書や必要書類を税務署へ提出します。

2　公的年金等の収入金額が400万円以下であり、かつ、その公的年金等の全部が源泉徴収の対象となる場合において、公的年金等に係る雑所得以外の所得金額が20万円以下であるときには、所得税等の確定申告は必要ありません。

✅ 準確定申告の申告期限は4か月

　準確定申告は、相続の開始があったことを知った日から4か月以内に申告・納付しなければなりません。

　この4か月が、長いようで短いのです。「四十九日までは喪に服します」なんて言っていると、あっという間に申告期限ギリギリになってしまいがちです。

　期限内に申告・納付をすませないと、さらに加算税や延滞税（罰則的な税）の賦課対象となってしまいます。要注意です。

✅ 準確定申告書の必要書類集めは大変

　通常の確定申告であれば、関係各所（勤務先、年金事務所、保険会社など）からの資料類が、ある程度一定の期間に手元に届くものですが、準確定申告の場合にはそうはいきません。

　亡くなったことを通知しないかぎり送付されてこなかったり、そもそも自分のことではないのでどんな書類があるのかすら把握できていなかったりと、準確定申告に必要な資料を集めるのには大変苦労しがちです。他にも、保険金の資料や未支給年金の資料等が届いたり、準確定申告には必要ないが相続税申告に必要な資料が届いたりと、分類・整理も大変です。

　必要書類集め・分類から申告・納税までを、4か月以内に完了させなければならないのは、先述の通りです。

✔ 財産が準確定申告と相続税申告の どちらの対象となるかの判断

　相続税申告も必要なケースでは、ある給与がご主人の準確定申告の対象となるのか、それとも奥様の相続財産となるのか、という判断で迷うことがあります。

　迷った際は、死亡日で判断してください。

　ご主人が亡くなる前までに支給された給与は、準確定申告の（所得税課税の）対象となります。

　亡くなった後に支給された給与は、被相続人の固有の財産として、相続税申告の対象となります。

　これは、保険料や医療費なども同様です。

　たとえば、生命保険料・社会保険料・地震保険料等の控除の対象は、被相続人の死亡日までに支払ったものが準確定申告の対象となります。

　死亡日後に被相続人が負担すべきものを相続人が負担した場合には、相続税申告で債務控除の対象となります。医療費に関しても同様の扱いです。

✔ 個人事業主の事業所得の場合

　個人事業主の事業所得の相続の場合も同様に、準確定申告と相続税申告のどちらの対象となるかは、死亡日とその翌日以降で分かれます。

　たとえば、請求書が月末締めで死亡日が15日だった場合、「1日〜14日」の仕入れは準確定申告の対象ですが、「15日〜月末」は事

業の後継者である相続人の確定申告の対象となります。消費税の申告も、同様の区分けが必要になります。

準確定申告をしたほうが良いケース（還付申告）

　被相続人（亡くなったご主人）が給与所得者である場合で、次のいずれかに該当する場合は、準確定申告をすることで還付金を受け取れることがあります（還付申告）。

- 年の途中で退職し、年末調整を受けていない
- 一定の要件のマイホームの取得等をして、住宅ローンがある
- マイホームに特定の改修工事をした
- 認定住宅の新築等をした（認定住宅新築等特別税額控除）
- 災害や盗難等で資産に損害を受けた
- 特定支出控除の適用を受ける
- 多額の医療費を支出した
- 特定の寄附をした
- 上場株式等に係る譲渡損失の金額を、申告分離課税を選択した上場株式等に係る配当所得等の金額から控除した

　還付金は、遺言や遺産分割協議によって決まった相続分または法定相続分に応じて、各相続人が受け取ることができます。委任状があれば、代表者がまとめて受け取ることもできます。

　還付申告の期限は5年間ですが、還付金は相続税の課税対象となるため、相続税申告期限10か月以内には間に合わせましょう。

相続人が2名以上なら「確定申告書付表（兼相続人の代表者指定届出書）」を添付

相続人が奥様のほかにもいるという場合は、申告書を連署にしたうえで、「死亡した者の〇年分の所得税及び復興特別所得税の確定申告書付表」に相続人全員の名前・住所・相続分等を記入し、申告書と併せて提出します。

あるいは、他の相続人の名前を付記して相続人それぞれが提出することも可能ですが、申告した内容については相続人全員に通知することが必要となります

③　ご主人が亡くなった年の準確定申告

相続税の税務調査の実際

○ 10人に1人が税務調査される

　相続税は、所得税や法人税に比べ、実際に税務調査が行われる確率が高い税目です。

　これは、相続税の申告は1人の被相続人に対して一生に1回しかないからです。法人税や所得税であれば申告が毎年行われますから、次回に調査すればよいのです。

　データでみるとわかりやすいでしょう（**図表1－E**）。

[図表1－E]　相続税の調査事項

項　目	事務年度等	平成30事務年度	対前事務年度比
❶ 実地調査件数		12,463件	99.1%
❷ 申告漏れ等の非違件数		10,684件	101.5%
❸ 非違割合（❷／❶）		85.7%	2.1ポイント
❹ 重加算税賦課件数		1,762件	117.2%
❺ 重加算税賦課割合（❹／❷）		16.5%	2.2ポイント
❻ 申告漏れ課税価格		3,538億円	100.4%
❼ ❻のうち重加算税賦課対象		589億円	102.4%

	項　目	事務年度等	平成30事務年度	
				対前事務年度比
❽	追徴税額	本　税	610億円	90.3%
❾		加算税	98億円	91.1%
❿		合　計	708億円	90.4%
⓫	実地調査1件当たり	申告漏れ課税価格（❻／❶）	2,838万円	101.3%
⓬		追徴税額（❿／❶）	568万円	91.2%

（国税庁「平成30事務年度における相続税の調査等の状況」より
一部修正）

　平成30事務年度における相続税の調査件数（❶）は、12,463件とのことです。これは、主に平成28年の相続税申告を確認した件数です。これを、同年に提出された相続税申告書の被相続人数（136,891人）で割ると、約9.1％となります。およそ10人に1人が、相続税の税務調査を受ける計算です（ちなみに、法人税や所得税は3〜5％程度です）。

○　ミス発見率85％

　もう一つ注目すべきなのが、非違割合（❸）が85.7％、という点です。いざ税務調査が来た場合、10人中8人以上が、間違いを指摘されるということです。

　こんなにもミスの割合が高い理由として、㊀相続税申告は税理士であっても慣れていないことが多いこと、㊁対象者（被相続人）が亡くなっているため詳細がわからないケースが多いこと、の二つが考えられます。

　まず㊀について、相続税申告は毎年定期的に行うものではないのは先述の通りですが、そのため税理士にとっても取り

扱う機会が少ない傾向にあります。税務調査対応となれば、なおさらです。

　そして㋑が、奥様にもっとも関係のある点です。相続税申告に際して、税理士が面談を行うのは、遺された遺族（奥様）です。ひとは、自身の数年前のことですら、なんとなくしか思い出せないもの。まして、ご主人の生前の財産の詳細を、正確に記憶しているわけがありません。

〇　税務調査官の巧みな質問

　筆者は、実際に相続税の税務調査に立ち会うことがあります。

　税務調査は、だいたい2日間にわたって行われます。1日目の午前中は質問タイムで、午前10時から始まることが多いです。原則として2名の税務調査官がやってきて、税務署のマニュアルに従った、さまざまな質問をされます。中には、「そんなこと聞いてどうするの？」と思うような質問もありますが、その裏には別の意図が隠されています。例えば、次のような感じです。

調査官「ご主人は最期、どのようにして亡くなったのですか？」

奥　様「ガンで長期入院していて、最期は病院で亡くなりました」

調査官（相続発生よりだいぶ以前から、預金通帳の管理者は本人ではなく、遺族だったのだな）

調査官「ご主人は生前、どのような趣味をお持ちでしたか？」

奥　様「釣りやゴルフ、あとは骨董品の収集等も好きでし

た」

調査官（釣り好きであれば、船舶があるかもしれない。ゴルフ好きであれば、ゴルフ会員権があるかもしれない。骨董品好きであれば、高価な書画骨董があるかもしれない。これらは相続財産に含まれているかな）

調査官「遺族の皆様は、どのようなお仕事をされていますか？」

奥　様「私は専業主婦です、子供たちは定職に就かず、アルバイトをしています」

調査官（それにしては、事前に確認した遺族の預貯金額が多い。名義預金や贈与があったのではないか）

　もちろん、相続財産の判明を避けるためにウソの回答をするのは脱税であり、絶対にダメです。とはいえ、税務調査官の質問の真意を、ある程度は意識して回答するとよいかもしれません。

○　職権で銀行口座を照会

　税務調査官は職権により、被相続人の預金口座の残高や、10年間程度の預金口座の入出金履歴を確認することができます。それだけならまだしも、相続人の預金口座の残高や預金口座の入出金履歴まで、相続人の許可・了承なく確認することができます。

　これを知って、「見るなとは言わないが、事前に了承が欲しい」と大声で抗議した人が、筆者の周りにいました。しかし、この職権は国税通則法で定められたものですから、怒ってもムダというものです。

　また、「個人情報保護法に抵触するのでは？」と疑問に思

うかもしれませんが、税務調査は同法の例外規定に該当しますので、問題ありません。

○ KSKシステムによる一元管理

　KSKシステム（国税総合管理システム）とは、全国12か所の国税局と全国の税務署をネットワークで結び、納税者の過去の申告状況や納税情報を一元的に管理するシステムです。

　このシステムがあるため、たとえ「実家の愛媛の父さんから多額の現金をもらったけど、僕は東京に住んでるから、税務署管轄も違うし、バレないでしょ」などと思ったとしても、実際には筒抜けです。

　また、毎年の法人税や所得税の申告データも蓄積されますので、「例年の所得税申告の状況からすると、これくらいは財産があるはずなのに、相続税申告上では財産が少ないな……」という風に、指摘されるようになるわけです。

　以上のように、税務署は、その職権やシステムを活用して、正確な相続財産の把握に努めています。われわれ納税者としては、適正な方法で、節税の余地がないか検討することです。そして、いざ税務調査がきてしまった場合には、丁寧に調査に協力しましょう。

相続法大改正で、「配偶者」はどうなった？

主人の資産が「自宅2,000万円＋預貯金3,000万円＝計5,000万円」なのだけど、自宅は私が住んでいるから、私が相続するとして……。

もし主人に相続が発生して、遺産を相続分通りに分けたら、預貯金2,500万円は子供が相続して、私は500万円しか相続できないのかしら。

相続人が配偶者と子の場合は、配偶者の法定相続分は2分の1なので、たしかに自宅（2,000万円の価値）を奥様が相続すれば、預金についてはあと500万円分しか奥様は相続できませんね。
しかし、それはあくまで法律で決められた相続分ですので、話合いで自由に分けることはできます。

お子様方は、「きっちりと法定相続分通りに分けてほしい」と言っているのですか？

そうなの。きっちり分けないと納得しないみたいで、困っているのよ。
老後の資金も不安だから、もう少しお金を相続できるとよいのだけど……。

それなら、**配偶者居住権**について、お子様方に話してみてはいかがですか？

配偶者居住権？

配偶者居住権を設定することで、家屋の所有権はお子様方に譲り、居住権（住む権利）だけを奥様が取得する、という関係になります。
仮に、居住権が1,000万円、所有権（配偶者居住権の負担付き）が1,000万円だとすると、奥様は自宅に住み続けることができ、なおかつ1,500万円のお金を受け取ることができます。

そうなのね。
家族と話し合ってみるわ。

配偶者居住権とは

　配偶者居住権とは、亡きご主人名義の自宅の所有権を奥様（配偶者）以外の人が相続したとしても、引き続き奥様が自宅に住み続けることができる、という権利です。

　一般的に、ご主人が亡くなった後も、住み慣れた自宅で住み続けることを希望する人が多いものです。とくに、奥様が高齢である場合、住み慣れた自宅を離れて新たな生活を始めることは、精神的にも肉体的にも大変な負担となるとはずです。そこで、このように相続をきっかけとして配偶者が悲惨な思いをすることのないよう、配偶者を手厚く保護する目的で、この制度が新設されました（令和2年4月1日施行）。

　配偶者居住権は所有権ではなく居住権（住む権利）であるため、所有権をそのまま相続する場合と比べ、自宅の評価額が低額になります。その分、老後資金となるお金を多く配偶者に相続させることができ、結果的に配偶者の権利を保護しようとする制度といえます。

 ## 配偶者居住権の事例[3]

相続人……奥様、子1人
遺　産……自宅（2,000万円）＋預貯金（3,000万円）
奥様と子の相続分＝1：1（奥様2,500万円：子2,500万円）

---

[3]　事例は法務省ウェブサイトより。
http://www.moj.go.jp/content/001263589.pdf

○ 配偶者居住権を利用しないケース

> 奥様の相続財産⇒自宅（2,000万円）＋預貯金500万円
> 子の相続財産　⇒預貯金2,500万円

　奥様が自宅に住み続けることを前提として、自宅の所有権を奥様が相続する場合は、自宅の価値2,000万円分を相続したことになるため、預貯金は500万円しか相続することができません。これでは、たとえ住む場所はあっても、老後の生活費に不安が残るというものです。

○ 配偶者居住権を利用するケース

> 奥様の相続財産⇒配偶者居住権(1,000万円)＋預貯金1,500万円
> 子の相続財産　⇒負担付所有権(1,000万円)＋預貯金1,500万円

　このように相続すれば、自宅に住み続けることができ、また老後の生活費も多く取得することができるため、安心して生活することができます。

配偶者居住権を取得するためには

○ 成立要件

　配偶者居住権が成立するためには、次の要件をすべて満たしていなければなりません。

配偶者居住権の成立要件

> 要件❶　被相続人死亡時に、被相続人の所有である建物に配偶者が居住していること

> 要件❷　遺産分割協議 or 遺贈 or 死因贈与により配偶者居住権を取得したこと
>
> 要件❸　被相続人が、配偶者以外の者と共有持分を持っていないこと

　要件❶は、被相続人（ご主人）が亡くなった際に、相続財産である建物に住んでいなければならない、ということです。なんらかの事情で、ご主人の死亡後に住み始めたという場合は、配偶者居住権を取得することはできません。

　要件❷については、まず３つの取得方法の理解が必要です。

　遺産分割協議とは、「話合い」のことです。相続人全員の間で話合いをして、配偶者居住権を設定します。

　遺贈とは、被相続人が生前に「妻に配偶者居住権を取得させる」旨の遺言を書いておくことです。遺贈（遺言）は、被相続人が１人で作成するものであり、いつでも１人で取り消すことができます。

　死因贈与は、あまり馴染みがないかもしれません。「私が死亡したら、妻に配偶者居住権を取得させる」旨の贈与契約をすることです。通常の贈与は「契約時に」効力が発生しますが、死因贈与は「死亡時に」効力が発生する契約です。遺贈と似ていますが、２人で行う「契約」ですので、片方が勝手に取りやめることはできません。つまり、遺贈より死因贈与のほうが、確実に実行することができるといえます。

　配偶者居住権を取得するかどうかあらかじめ決めておけるのは、遺贈と死因贈与だけです。ご主人が元気なうちに話し合って、配偶者居住権を取得するかどうか、決めておくとよいでしょう。

　要件❸は、相続財産である建物が、たとえば「亡ご主人の持分２分の１、Ａさんの持分２分の１」のように、奥様ではない第三者

（Ａさん[4]）の名義が入っている場合、配偶者居住権は取得できません、という意味です。

○ 家庭裁判所に認められる条件

相続人の間で、配偶者居住権についてモメてしまうこともあるでしょう。その場合、奥様は、家庭裁判所に対して「配偶者居住権を認めてほしい！」と助けを求めることができます。

家庭裁判所の中での話合い（調停）で解決できない場合は、最終的に家庭裁判所に決めてもらうこと（審判）になります。

このとき、家庭裁判所に配偶者居住権を認められるためには、「建物の所有者が建物を使えなくなるデメリットを考慮してもなお、配偶者に配偶者居住権を取得させる必要性がとくに高い事情があること」が条件となります。「必要性がとくに高い」とは具体的にはどのような事情なのか、という疑問も生じますが、こればかりはケースバイケースで家庭裁判所に判断されるものであり、今後の判例の蓄積を待つしかありません。とはいえ、多くのケースでは「必要性が高い」と判断されると思われます。

 ## 配偶者居住権を活用した賃貸物件運営

繰り返すようですが、配偶者居住権は「住む権利」です。あくまで所有権を持っていないため、物件を自分の所有物としていい加減に使用することはできず、「善良な管理者の注意」をもって使用しなければなりません（善管注意義務）。たとえば、建物の改築・増

---

[4]　ちなみにこのＡさんは、たとえ法定相続人であっても、配偶者居住権を成立させることができません。Ａさんにとっては、配偶者が亡くなるまでずっと建物を使用することができず、タダで居住を認めなければならなくなるためです。

築をしたいときには、所有者の承諾が必要です。

　同じ理屈で、配偶者居住権を誰かにあげることはできません。「配偶者」居住権という名称の通り、配偶者だけが特別に認められた権利なのです。

　ところが面白いことに、配偶者居住権を他人に貸して、賃料を得ることはできます[5]。あげることはできないけれども、貸すことはできるという柔軟な取扱いは、遺される奥様にとって、ありがたい場合もあるのではないでしょうか。

✅ 配偶者居住権は期間限定にできる

　配偶者居住権は、上記の**要件❷**（遺産分割協議 or 遺贈 or 死因贈与）において、「配偶者居住権は令和〇年〇月〇日まで」のように期間を定めておくことで、「期間限定」とすることもできます。

　期間について、「当分の間」とか「別途改めて協議するまでの間」等、他人から見て不明確な定め方は認められませんので、注意が必要です。

　とくに期間を定めなければ、配偶者が亡くなるまで（終身間）効力があります。「原則として、死ぬまで」というわけです。

✅ 権利主張には登記が必要

○ そもそも登記とは

　世の中の不動産（土地や建物）には、「この土地はAさんのもの」「この建物はBさんのもの」のように名札が貼ってあるわけで

5　ただし所有者の承諾が必要です。

はありません。建物に表札があったとしても、そこに住んでいる人は借りているだけで、所有者は別の人かもしれません。

　たとえば、AさんからBさんに所有者が変わった場合は、よくAさんからBさんへ「名義変更した」等と表現しますが、これを正式には「登記した」といいます。

　全国の法務局には、「所有者が誰か、その不動産を担保に銀行からいくら借りているか」等のデータ（登記情報）が保管されています。登記情報を調べると、その不動産の過去の所有者の変遷等がすべてわかります。いわば「不動産の戸籍」のようなものです。

　この登記情報は、他人に公開することを目的としており、法務局に行けば誰でも調べることができます。つまり、たとえばお隣さんが、いつ土地を買って、その土地を担保に銀行からいくら借りているのか、誰でも簡単に知ることができるのです。

　これを知ると、「なぜそんな個人情報を公開しているんだ⁉」と怒ってしまう人がまれにいますが、むしろ公開していないとマズいのです。ある人が土地を買おうと検討しているとき、その土地の本当の所有者が誰なのか、調べられないと困ってしまいます。

○ 配偶者居住権と登記

　さて、奥様が配偶者居住権を他人に主張するためには、登記をしなければなりません。

　奥様の配偶者居住権が登記されていないと、大変なトラブルになるおそれがあります。たとえば、次のようなケースです。

　相続人間の遺産分割協議によって、自宅の所有者は長男Bとして、奥様Aには配偶者居住権を設定したとします。相続人全員で遺産分割協議書にまとめて保管していますが、所有者を長男Aとする所有権移転の登記はしたものの、奥様Aの配偶者居住権の登記をしなかったとします（**図表２−A**）。

［図表２－Ａ］　登記しておけばよかったケース

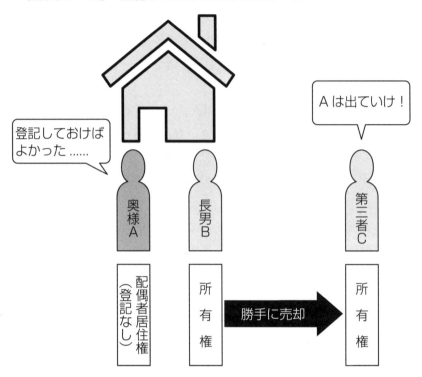

長男Ｂは所有者ですので、奥様に承諾を得ることなく、第三者Ｃに自宅を売却することができます。そうすると、所有者（登記名義人）となった第三者Ｃは、奥様Ａに対して「この家は自分のものだから、出ていってください」ということができてしまいます。

このとき、奥様Ａがきちんと配偶者居住権を登記してあれば、新所有者Ｃに対して「私は配偶者居住権を持っているから、出ていきません」と突っぱねることができます（法律用語では「ＡはＣに対抗することができる」といいます）。

たとえＣが所有権の登記をしたとしても、奥様Ａの配偶者居住権の登記が「先に」ある以上、第三者Ｃは自分では居住できない[6]

②　相続法大改正で、「配偶者」はどうなった？

家を買ったことになります。登記は早い者勝ちです。長男Bから購入する前に、登記情報を確認しなかった第三者Cの落ち度です[7]。

配偶者居住権の期間設定の項にて、「「当分の間」など不明確な定め方はできない」と解説しましたが、その理由もここにあります。すなわち、他人に公示するという登記の目的によるものなのです。

配偶者居住権の登記を行うためには、所有者と奥様との共同で申請する必要があります。登記の専門家である司法書士に相談しましょう。

○ 配偶者居住権の登記の落とし穴

ここまで登記の重要性を強調してきましたが、意外な落とし穴もあります。奥様が認知症になってしまうリスクです。

たとえば、奥様Aが認知症になり、家族での介護が難しい状態となり、所有者である長男Bが奥様の介護施設入居費用を捻出するため自宅を売却しようとするようなケースで、問題が発生します。

配偶者居住権の登記がされている場合、買主Cは、配偶者居住権の登記を消すこと（抹消登記）を求めます。先述の通り、配偶者居住権の登記がされている家を買っても、Cは自由に使用できないからです。

---

[6]　奥様Aが死亡するまで。
[7]　通常の不動産取引においては、司法書士が代理で行いますが、その職務として、物件の確認・本人確認・意思確認を行いますので、このような不測の事態になることはありません。司法書士への報酬は、書類作成代や登記申請代といった実費だけでなく、法的に安全な取引ができるという安心料と責任料も含まれているといえます。

自宅を売却する前提となる抹消登記の申請についても、配偶者居住権の設定をするときと同様に、所有者である長男Bと奥様Aの共同で申請しなければなりませんが、このとき、奥様Aは認知症のため申請できない（意思表示できない）という事態になる可能性もあります。こうなると、事実上、自宅の売却は不可能です。長男Aは、奥様が亡くなるまで売却ができません[8]。「母のために売却するのだから、そんなの勝手に抹消登記して売れば良いじゃないか」という意見もありそうですが、法律上、認められません。

　このため筆者は、将来的に自宅を売却することがあらかじめわかっているのであれば、配偶者居住権を利用せず、家族信託の活用をオススメします（**Part 7** 参照）。家族信託であれば、奥様Aは安心して自宅に住み続けることができ、万が一、奥様Aが認知症になってしまったとしても、長男Bは奥様Aのために自宅を売却することができます。

　このケースでいうと、自宅は奥様Aが相続し、その後に奥様Aと長男Bで家族信託の契約を行う流れです。

　とはいえ、この手法では、いったん奥様Aが自宅をまるまる取得することになるため、配偶者居住権を利用する場合に比べて、奥様Aの相続する現金が減ることになる点に注意が必要です（法定相続分で遺産分割する場合）。

② 相続法大改正で、「配偶者」はどうなった？

---

[8]　後見制度（**6 - ①** 参照）を利用すれば、手続きは可能です。とはいえ、後見手続にも費用と労力がかかりますので、十分な検討が必要です。

配偶者死亡後の手続きはシンプル

　奥様Ａが亡くなった後の手続きは、とてもシンプルです。配偶者居住権は配偶者の死亡により消滅しますので、自宅の所有者（長男Ｂ）は、配偶者居住権の負担のない「完全な所有権」を持つことになります。

　配偶者居住権の登記は自動的に消えるわけではないので、抹消登記を行う必要はありますが、所有者が単独で申請することができますので、長男Ｂの大きな負担になることはないでしょう。

配偶者居住権と税金

○ 配偶者居住権[9]には相続税がかかる

　配偶者居住権は、相続発生時に奥様がご主人所有の建物に住んでいた場合、たとえ自宅建物の所有権を有していなくても、基本的に終身、無償で居住することができる、という権利です。配偶者居住権は、れっきとした民法上の「財産」となるので、権利を得た配偶者は、その権利に対して相続税が課税されます。

---

[9]　なお、「配偶者短期居住権」と呼ばれる、相続税非課税の制度もありますが、本書では割愛します。

○ 配偶者居住権の評価（金額）の計算方法

❶建物の所有権の評価＝

$$建物 \times \frac{(残存耐用年数^{10} - 配偶者居住権の残存年数^{11})}{残存耐用年数} \times 存続年数$$

に応じた複利現価率 [12]

❷建物の配偶者居住権の評価＝

建物の時価－建物の所有権の評価（❶）

❸土地の所有権の評価＝

土地の時価×配偶者居住権の存続年数に応じた複利現価率

---

[10]　残存耐用年数……「その家には耐用年数的にあと何年住めるのか」という年数。建物の構造に応じた税法上の法定耐用年数を1.5倍（自宅として使っていた場合に換算）し、建築時から現在までの築年数（下記）を差し引くことで算出できます。

建物の構造	1.5倍後の耐用年数
木　　造	33 年
木造モルタル	30 年
鉄筋鉄骨コンクリート	70 年
レンガ・ブロック造	57 年
骨格材 4 mm 超の金属造	51 年
骨格材 3 mm 超の金属造	40 年
骨格材 3 mm 以下の金属造	28 年

[11]　配偶者居住権の存続年数……「配偶者居住権があと何年間か」という年数。
　設定期間が「終身」の場合、年齢と性別に応じた平均余命年数（厚生労働省の簡易生命表で確認可能）。設定期間が「○年」の場合、その年数。

[12]　存続年数に応じた複利現価率……2020 年 4 月 1 日より法定利率 3%。
　法定利率は 3 年に 1 度見直されます。

❹土地の利用権の評価＝

土地の時価－土地の所有権の評価（❸）

○ 配偶者居住権の評価（金額）計算例

　一例として、「奥様の年齢79歳、建物（木造）の評価額1,000万円、居住後15年経過、土地の時価1,500万円」というケースの配偶者居住権の評価額を計算してみましょう。

❶建物の所有権の評価＝

$$1{,}000 \text{万円} \times \frac{(33\text{年}-15\text{年})-12.46\text{年}}{(33\text{年}-15\text{年})} \times 0.701 = 215\text{万円}$$

❷建物の配偶者居住権の評価

1,000万円－215万円＝785万円

❸土地の所有権の評価

1,500万円×0.701＝1,051万円

❹土地の配偶者居住権の評価

1,500万円－1,051万円＝449万円

　一見ややこしく感じますが、数字を当てはめるだけで計算でき、意外と簡単です。

○ 配偶者居住権を使った場合の相続税

　建物に配偶者居住権を設定することで、一次・二次相続を通じての、相続税の節税メリットが期待できます。

　たとえば、初回の相続で建物に配偶者居住権を設定し、奥様が配偶者居住権を相続し、子供が配偶者居住権という負担が付いている

建物の所有権を相続したとします。

その後、奥様に相続（二次相続）が起こりました。奥様が亡くなってしまった場合、民法上、配偶者居住権は消滅します。そのため、このとき奥様が相続していた配偶者居住権に、相続税がかかることはありません。一次相続の際、奥様が相続した配偶者居住権に相続税が課税されていたとしたら、一度相続税が課されているので、トータルでは変わりません。しかし、配偶者が相続する財産は、「配偶者の税額軽減」制度により、㊀1億6,000万円まで、㊁全体の2分の1まで、のいずれか大きいほうまで、相続税が課税されません。筆者が対応する相続税案件でも、夫の相続において奥様が相続税を支払うようなケースは、滅多にありません（**1**－①参照）。

〔一次相続の例〕

所有権全体の価値1億円
夫→妻：居住権6,000万円≦1.6億円　☞　　無税
夫→子：負担付き所有権4,000万円

〔二次相続の例〕

妻→子：居住権6,000万円→0円　☞　　無税

つまり、一次相続で奥様が配偶者居住権を取得し、お子様が配偶者居住権負担付き建物を取得した場合、配偶者居住権分の金額は一度も相続税を支払うことなく、最終的にお子様に移行できるということです。

○ 贈与税が課税されてしまうケース

上記例のように、奥様の相続開始により配偶者居住権が消滅する

ケースは問題ないのですが、奥様の生存中かつ配偶者居住権の期間中に、奥様とお子様の話合いにより配偶者居住権が消滅したという場合は、奥様からお子様への贈与とみなされて（「みなし贈与」といいます）、贈与税が課税されてしまいます。

　たとえば、ご主人の相続発生時には、配偶者居住権の期間を「終身」と設定していた（自身の最期まで自宅に住むつもりでいた）ものの、その後、良い老人ホームを見つけたので、そちらに入居すると思いなおし、もう自宅に戻ることはないということで、お子様と話し合って「配偶者居住権はいらないわ」ということになったとします。すると、その時点でお子様所有の自宅の価値が上がることになり、お子様には贈与税の負担が生じます。

　とりあえず「配偶者居住権は終身」に、としてしまいがちですが、ライフプランを考えた期間設定が重要ということです。

① 配偶者居住権、そのメリット・デメリット

2 ② 介護の苦労が報われる「特別の寄与」制度

私は夫の両親（義両親）と同居していて、その介護をしているのだけど、多少介護をしたからといって、将来の相続分が増えるとは限らないそうね？

はい。いわゆる「寄与分」というものですが、これは原則として相続人全員の合意で決まります。そのため、モメる場合もあります。

奥様の介護の程度が「扶養の範囲」と認定されてしまうと、寄与分は認められません。

つまり、たとえ介護をしたとしても、相続のときには夫の兄弟姉妹と同額になってしまうこともあるのね。

そうです。
しかも、もし義両親より先にご主人が亡くなってしまった場合、奥様には義両親の財産について相続権がないということに、注意が必要です。

え!?　どういうこと？
私は長男の嫁として嫁いできたのだから、義両親の財産に相続権があるんじゃないの？

相続は、亡くなった順番によって、財産の承継先が大きく変わってしまいます。
ご主人より先に義両親が死亡している場合は、相続人であるご主人の権利を、さらに奥様が相続することになるので、奥様が義両親の相続人になることになりますね（数次相続）。

え〜、それじゃ、夫が先に死んでしまったら、それまでいくら献身的に介護していても、報われないってことじゃないの……。

たしかに従来はそうでした。ですが、相続法の改正で、令和元年7月1日から、仮にご主人が先に亡くなった場合、介護をしていた義両親の相続人に対して、「特別寄与分」を請求できるようになりました。

それなら、少しは安心なのかしら。

ただし、後々トラブルにならないためには、義両親の「遺言書」が大切になってきます。相続人との合意が得られない場合は、特別寄与分を求めて家庭裁判所で争うことになりますから。

義両親に、トラブルを防ぐしっかりとした遺言を遺してもらっておくためにも、日頃から家族間でよく話し合っておくことが大切です。

② 介護の苦労が報われる「特別の寄与」制度

✅ 相続人以外も請求できる特別寄与分

「特別の寄与」の制度は、被相続人の療養看護等に努めた人の貢献を認め不平等をなくす目的で、相続法改正により新設されました（令和元年7月1日施行）。

最大のポイントは、主張をする人が「相続人ではなくても」寄与分を請求できるようになったことです（特別寄与分）。従来からある寄与分の制度は、相続人にしか寄与分を認めていませんでした。

✅ 特別の寄与、3つの違い

特別の寄与は、次の3点で、従来からある寄与の制度と異なっています。

● 違い1「寄与者は親族」

従来からある寄与の制度は「相続人であること」が条件でしたが、特別の寄与においては「被相続人の親族であること」が条件です。

たとえば、次のような家族のケースです。

甲野家に嫁いできた太郎の妻・花子は、義理の両親A・Bと長く同居しており、太郎に先立たれた後も、献身的にA・Bの介護をし続けました。その間、太郎の兄弟姉妹C・Dは都会に出たきりでなにも協力せず、ほとんど花子がA・Bの世話をしました。

その後、AそしてBが続けざまに亡くなりました。このとき、法律上、A・Bの遺産を相続するのは、なにもしていないCとDだけです。花子は献身的にA・Bの介護をしたにもかかわらず、A

名義の自宅すら、一切の権利がありません。

　このようなケースで、被相続人（義両親 A・B）に対して特別の寄与（介護）をした親族[13]（花子）であれば、特別の寄与分を請求できます。

● 違い２「必ず無償で」

　２点目の違いは、特別の寄与の制度では、必ず無償で介護をしなければ認められない、ということです。

　とはいえ、無償かどうかの判断には、微妙なところもあります。たとえば、無償で介護していたとしても、被相続人がその介護者の生活費を負担していた場合など、典型的な「微妙なケース」です。

　結局は、裁判等になったとき、ケースバイケースで判断されることになるでしょう。

● 違い３「労務の提供でなければならない」

　３点目の違いは、介護（寄与行為）が、無償の「労務の提供」でなければならないということです。

　たとえば、被相続人に対して金銭的な援助だけをしていた者は、特別寄与者になることはできません。

---

[13]　親族の範囲については、民法725条に、次のように定められています。㈠六親等内の血族、㈡配偶者、㈢三親等内の姻族（血族の配偶者、または配偶者の血族）。

　義両親に限らず、このような親族の方を介護しているという場合も、特別寄与分について知っておくべきでしょう。

✅ 特別寄与料の請求手続と金額目安

　被相続人の介護等に努めた人は、相続発生後、どのように「特別寄与料」を主張することになるでしょうか。

　従来の寄与分の場合、その主張をするのは相続人に限られるため、まずは相続人全員での話合い（遺産分割協議）からスタートすることになります。

　一方、特別寄与者は、相続人ではないため、そもそも遺産分割に参加しません。よって、遺産分割の手続きとは別で、直接相続人に対してお金の請求をすることになります。

　その後、特別寄与者と相続人の間での話合い（協議）によって解決します。話合いで解決できない場合、特別寄与者は、家庭裁判所に対して、協議に代わる処分を請求できます。家庭裁判所は、寄与の時期・方法、程度、相続財産の額、その他一切の事情を考慮し、特別寄与料の額を定めることになります。

　このとき、特別寄与料の金額の具体的な算定方法については、寄与分制度の算定方法と同じ取扱いがされることになると考えられており、およそ次のような算式です。

（特別）寄与料＝

| 他人が同様の介護を行った場合の日当額×介護日数× 0.5〜0.7[14] |

　仮に、月々の介護費用が平均5万円かかり、介護年数が7年であったとすれば、約252万円（5万円×12か月×7年×0.6）を特

---

[14]　介護のプロではなく、家族により行われることや、被相続人と特別寄与者との人間関係を考慮し、家庭裁判所の裁量でおよそ0.5〜0.7を乗じて計算されることが多いといわれています。

別寄与料として、相続人に請求することができる計算です。

特別寄与料の請求相手

　相続人が複数いる場合には、特別寄与者は、そのうち1人に対して請求してもよいし、数人に対して請求してもかまいません。必ずしも相続人全員に対して請求する必要はありません。これは、必ず相続人の全員に対して請求しないといけないこととすると、相続人のうちの1人が行方不明であったり、請求したくない相続人に対しても請求しなければならなくなったりするためです。

　もっとも、特別寄与者が相続人のうち1人に対して請求できる金額は、特別寄与料の額にその相続人の法定相続分（遺言がある場合は、指定相続分）を乗じた額しか請求することができないため、1人の相続人に対して全額を請求することはできません。つまり、全額を請求したいなら、相続人全員に対して請求をしなければならない、ということです。

特別寄与料の請求は期限付き

　特別寄与者は、家庭裁判所に対して協議に代わる処分を請求することができますが、請求には期限が設けられています。次の❶❷のいずれか早いほうが経過すると、特別寄与者は、特別寄与料を請求することができなくなります。

❶　特別寄与者が相続の開始および相続人を知ったときから6か月を経過したとき

❷　相続開始の時から1年を経過したとき

たとえば、相続が発生し、相続人が誰であるか知ったにもかかわらず、そのまま放置して6か月が経過すれば、（たとえ1年を経過していなくても）請求はできません。また、相続が発生したことや、相続人が誰であるか知らなかったとしても、1年を経過してしまうと請求はできません。

「ちょっと期間が短すぎるのでは？」と感じるかもしれませんが、その他の制度、たとえば相続放棄（**Part 8**参照）することのできる期間が「相続の開始があったことを知った時から3か月以内」であること等を考えれば、妥当な期間というべきかもしれません。

相続人との話合いによる解決が困難なケースでは、早めに家庭裁判所に請求したほうがよいでしょう。

✅ ただし特別寄与分の相続税は2割増！

相続税には、「配偶者」と「一親等の血族」以外の者が相続した場合には、その相続税を2割増しで支払う制度（相続税額の2割加算制度）があります。㊀配偶者と一親等の血族以外の者の場合、相続で財産を取得することについては偶然性が高いため、㊁孫などに財産を遺贈することにより相続税を1回免れることによる負担軽減を抑制するため、という理由からです。

実の子をとばして孫に相続したい、という要望がよくありますが、相続の「一代とばし」をして相続税を逃れるのはダメですよ、ということです。

この2割加算制度は、特別寄与者（奥様）が特別寄与料を受け取った場合の相続税額についても適用されます。

たとえば、長男の妻が義父の世話をして特別寄与料を受け取るという場合、長男の妻は義父の「配偶者」でも「一親等の血族」でも

ないためです。

　財産1億5,000万円を、子Aの配偶者に特別寄与分300万円、残りの1億4,700万円を法定相続分で子A・B・Cに分割して4,900万円ずつ相続した場合の計算をみてみましょう。

基礎控除後の金額
1億5,000万 − 基礎控除額4,800万（3,000万 +600万 × 3人）=
1億200万円

法定相続分
子A・B・C：1億200万 × 1/3 = 3,400万円

相続税額
子A・B・Cの相続税：3,400万 × 20% − 200万 = 480万円
相続税の総額：480万 × 3人 = 1,440万円

各人の相続税額負担額
子A・B・C：1,440万 × 4,900万 ÷ 1億5,000万 = 470万4,000円
子Aの配偶者：1,440万 × 300万 ÷ 1億5,000万 **× 1.2** = 34万5,600円

✔ 「特別の寄与」を使わないに越したことはない

　以上のように、法改正により特別寄与料の請求ができるようにはなりましたが、いざこの制度を使うことになる奥様のストレスは計り知れません。請求した途端に、ご主人の親族と決別してしまうこともあるでしょう。この特別寄与の制度はできるだけ使わないように準備しておくべきです。

　献身的な介護をしている奥様の立場からは、言い出しづらいかもしれませんが、義両親としっかり話し合って、公正証書遺言を作成してもらっておくべきです。

2 ③ 遺産分割前に、相続人1人だけで預金を一部払戻しできる

以前、父が亡くなったとき、父の口座から葬儀代だけでも引き出そうと銀行に行ったことがあったのだけど、銀行は「相続人全員の実印と印鑑証明書がないと、応じることができない」の一点張りだったわ。

それは大変でしたね。
ところで、その銀行に行ったのは、令和元年7月1日より前ではないですか？

そうだけど、どうしてわかるの？

従来、相続人全員の同意がなければ、金融機関が預貯金の払戻しに応じることができなかったのですが、法律が改正され、令和元年7月1日以降は、相続人のうち1人からでも、「一部」払戻しが可能になったのです。

そうなのね。あのときに少しでも引き出すことができたら、助かっていただろうな……。
良い法改正があったのね！

はい。葬儀代のようにすぐに必要になる場合、とても助かりますよね。
ただし、「一部」というように、払戻し金額には上限がありますので、要注意です。

 ## 遺産分割前の払戻し制度

最高裁の判決（平成28年12月19日）により、預貯金は遺産分割の対象に含まれます。預貯金を引き出すためには、相続人全員の同意がなければ引き出すことはできない、という取扱いです。

被相続人の葬儀代をはじめ、借金返済の必要性があったり、被相続人の扶養に入っていた相続人の当面の生活費を支出する必要があったりする場合のように、早急に払い戻す必要性がある場合であったとしても、金融機関は相続人全員の同意を得ることができなければ払い戻すことができない、という不都合が生じていました。[15]

このため、相続人1人による払戻しを一定金額で認める法改正が行われ、令和元年7月1日から施行されました（遺産分割前の払戻し制度）。

---

[15] 金融機関によっては、柔軟に払戻しを行う場合もあります。

いくらまで払い戻すことができるか

　１人で払い戻すことのできる金額は、次の方法によって計算します。

１人で払い戻すことのできる金額＝

> ### 各口座の預貯金残高×３分の１×法定相続分
> （※ただし１金融機関につき150万円が上限）

　なぜ１金融機関における上限が150万円とされているかというと、「平均的な葬儀費用が150万円前後だから」です。取り急ぎ、最初にまとまったお金が必要になるのが葬儀代ですが、その葬儀代すら金融機関から引き出せず困ってしまう事案が多発したため、このような法改正が行われた側面があります。もし手元に現金がなくて、相続人全員の書類がそろわない事態となったら、この仮払いの制度を利用してみてください。

　なお、この計算の前提として、相続開始時（被相続人の死亡時）の預貯金額が基準となります。ですから、被相続人死亡の直後に、口座がまだ凍結されていないのをよいことにキャッシュカードでいくらか引き出した結果、残高が減っていたとしても、あくまで「相続開始時（被相続人の死亡時）」に口座に存在した金額を基準として計算されます。

金融機関窓口に持参する必要書類

　１人で払い戻すことができるので、１人で金融機関の窓口に行けばよいわけですが、手ぶらで行けばよいわけではありません。およ

そ次のような書類等が必要です。

必要な書類等（例）

❶　被相続人（ご主人）の出生から死亡までの戸籍すべて

❷　被相続人（ご主人）の戸籍の附票[16]、または住民票の除票の写し

❸　相続人全員の戸籍

❹　手続きをする相続人（奥様）の戸籍の附票、または住民票の写し

❺　手続きをする相続人（奥様）の印鑑証明書

❻　手続きをする相続人（奥様）の身分証（運転免許証、マイナンバーカード等）

❼　手続きをする相続人（奥様）の実印

　詳細は金融機関により異なりますので、お問い合わせください。

　これらの必要書類等のうち、❸がもっともやっかいな書類です。なぜなら、❸だけは自分で集めることができない場合があるからです。

　戸籍謄本は、自分の両親・祖父母・子・孫などの直系の血族のものなら自分だけで取得できますが、兄弟姉妹等の横並びの血族（傍系血族）の戸籍謄本は、原則として勝手に取得することができません。

　つまり、相続人が奥様とその子供だけであれば、奥様だけで❶〜❼の書類をすべてそろえることができますが、子供がいないご夫婦の場合は、ご主人様の兄弟姉妹の戸籍関係は勝手に取得することができないため、金融機関窓口に行く前の戸籍集めの段階で苦労する

③　遺産分割前に、相続人1人だけで預金を一部払戻しできる

---

[16]　戸籍の附票……本籍地の市町村において戸籍の原本と一緒に保管している書類。その戸籍に入籍してから現在に至るまで（またはその戸籍から除籍されるまで）の住所が記録されています。この場合、住民票の写しと同様、現住所の証明書として使用します。

ことになります。他の相続人の協力が得られない場合は、司法書士等の専門家に依頼して、職務請求により戸籍収集をすることが多いです。

　ちなみに、被相続人が作成した公正証書遺言があれば、他の相続人の協力を得ることなく、速やかに預金を引き出すことができます（**3**−①参照）。

✔ それでも早急に必要な金額に 足りない場合は

　1金融機関につき150万円まで払い戻すことができても、その程度の額では足りないという場合も当然あり得ます。そういうときのために、もう1つ、預貯金を引き出すための制度が新設されました。

　この「もう1つの預貯金を払い戻すための制度」は、大きな金額を払戻しできる代わりにハードルが高く、家庭裁判所の判断を経なければならないルールになっています。この制度を利用するためには、主に次のような条件があります。

- 　家庭裁判所において遺産分割の調停中、または審判中であること（本案が係属中であること）
- 　相続財産による借金の返済、相続人の生活費の支出等が必要であること
- 　他の相続人の利益を害しないこと

　相続人間で話合いがまだついていない場合に、家庭裁判所の判断を経ることによって仮分割することができる手続きは、以前からありました。ただし、その仮分割を行うには「急迫の危険を防止する

必要」がなければならず、非常に条件の厳しい規定しかありません
でした。そこで、これをもっと使いやすくするために、預貯金の仮
分割に限っては「必要があるとき」に緩和されたのです。

　仮分割によって仮の払戻しが認められる金額については、ケース
バイケースで家庭裁判所の裁量によるところが大きいと考えられま
す。基本的には申立人の法定相続分の範囲内になることが多いと考
えられますが、「被相続人が遺した借金の返済」のように他の相続
人の利益にもなって公平性がある場合には、法定相続分以上の払戻
しが認められることもあるでしょう。
　こちらの家庭裁判所の仮払い制度は、「仮分割」の名の通り、あ
くまで仮であるため、本番の分割のときに改めて仮分割された預貯
金も含めて遺産分割の調停・審判がなされます。
　先に解説した「1金融機関につき上限150万円払戻しできる」ほ
うの制度は、「遺産の一部の分割によりこれを取得したものとみな
す。」と規定されているため、払い戻してしまえば、そのお金につ
いては再度遺産分割の話合いをする必要はありません。ただし、本
来の相続分を超えて取得してしまっている場合には、後でその分を
清算することになります。この取扱いの違いは、実務上大きいとい
えます。

　仮払い制度を利用するためには、家庭裁判所に対して、申立書・
戸籍関係書類・住所関係書類・遺産の全体像がわかる書類等の提出
が必要になり、その他にも遺産の全体像がわかる書類の一部とし
て、直近の残高証明書の提出が求められると考えられます。
　そのほか、仮払いの必要性を判断するために、申立人の収入状況
や仮払いの必要性を裏付けるための資料を求められることも考えら
れます。このあたりの必要書類は、案件ごとの個別判断によって、
求められる書類に違いが出てくるでしょう。

③　遺産分割前に、相続人1人だけで預金を一部払戻しできる

この手続きの大まかな流れは**【図表2－B】**の通りです。仮払いの手続きを経たうえで審判する必要があるため、それなりの日数を要することになります。

2つの仮払い制度をまとめたものが、**【図表2－C】**です。

[図表2－B]　家庭裁判所の仮払い制度

家庭裁判所が申立てを受ける

⇩

相続人全員に対して意見を聴くための期日を通知

⇩

期日において現実に意見を聴く

または

照会書を送って意見を聴く

⇩

仮払いの審判

[図表2－C]　2つの仮払い制度の使い分け方

少額でかまわないから、とにかく早急にお金が必要な場合	「1金融機関150万円」では、費用が足りない場合
▼	▼
裁判所の判断を経ない仮払い制度	**裁判所の判断を経る仮払い制度**
戸籍等の必要書類を集めて、利用している金融機関へ直行しましょう。	家庭裁判所に対して、預貯金の仮分割を申し立てましょう。

「特別の寄与と内縁関係・同性カップル」に みる、遺言の重要性

標題の内縁関係とは、いわゆる事実婚のことで、法律婚でない（戸籍上婚姻関係にない）夫婦のことを指します。

内縁関係および同性カップルの方々についても、特別寄与料の請求を認めるべきとの意見もありましたが、いまの法制度では認められていません。

それでは、内縁関係や同性愛者の方々は泣き寝入りするしかないのかというと、そんなことはありません。財産を遺したい相手に対して、遺言を遺しておけばよいのです。遺言を遺しておけば、相続権のないパートナーや友人に対しても財産を遺してあげることができます。

生前に相続対策を怠ったため、その死後、家族に寄与分を主張させてしまうような被相続人は無責任であると言えます。遺言書を作成せずに亡くなったため、その家族に相続争いの火種が残されたという事例を、筆者はたくさん目にしてきました。

介護等の世話をしてくれた家族がいるのであれば、その旨をしっかりと遺言に記載し、感謝を形にするべきです。

遺産を平等に遺したい場合であっても、それならそれで「平等に遺す」旨、はっきりと遺言書で意思表示しておきましょう。

Part

3

作って安心！　遺言書の効力

先月夫が亡くなって、銀行口座の相続手続をしたのだけど、相続人全員の実印を何度ももらったり、戸籍を集めたりと、本当に大変だったわ。

それは大変でしたね。
ご主人は、遺言書を作成されていなかったのですか?

そうなのよ。
もし遺言書があったら、なにか違いがあったのかしら。

遺言書さえあれば、他の相続人から実印・印鑑証明書・戸籍をもらう必要もなく、お1人だけで、銀行の手続きや土地建物の名義変更をすべて行うことができましたね。

そうだったの……。遺される人のことを思うなら、とにかく遺言書が大切ってことね。

はい、その通りです。ただし、すぐに使えるのは公正証書遺言の場合だけです。手書きの遺言書の場合は、家庭裁判所で検認手続[17]が必要です。

そうなのね。私も遺される子供たちに迷惑をかけないように、公正証書で遺言を用意しておこうかしら。

遺言がない場合の法定相続

　まずは、遺言がない場合の手続きをみていきましょう。民法では誰が相続人となるのかを定めていますが、さらに各相続人の相続分（法定相続分）についても定めています。では、どのように相続分を分け合うのか、よくあるケースでみていきます。

● ケース１：「配偶者」と「子」が相続人

・配偶者が２分の１、子が２分の１
・子が複数いる場合は、２分の１をさらに均等に分け合う

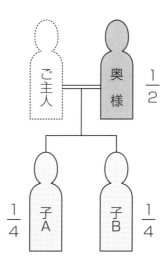

17　ただし、改正後の法務局保管制度を利用した場合は不要です。

① 手書きの遺言と公正証書遺言では、遺された相続人の手間がぜんぜん違う

● ケース２：子供がおらず、「配偶者」と「義親」が相続人

・配偶者が３分の２、義親が３分の１
・義両親２人とも相続人となる場合、義両親は３分の１をさらに均等に分け合う

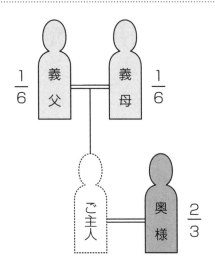

● ケース３：子供がおらず、義両親も他界しており、「配偶者」と「兄弟姉妹」が相続人

・配偶者が４分の３、兄弟姉妹が４分の１
・兄弟姉妹が複数いる場合、４分の１をさらに均等に分け合う

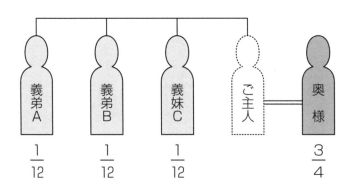

なお、例外として、父母を同じくする兄弟姉妹（全血兄弟姉妹）と、一方を同じくする兄弟姉妹（半血兄弟姉妹）がいる場合、半血兄弟姉妹の相続分は全血兄弟姉妹の相続分の半分になります。

相続手続は５つ

　誰が相続人になるのかわかったところで、相続手続にどのようなことが必要なのか確認していきましょう。

　通常、次の５つを行う必要があります。

---

❶　被相続人（亡くなったご主人）の出生から死亡までの戸籍すべてを集める

❷　相続人全員の戸籍を集める

❸　遺産分割協議書（相続人全員で遺産をどのように分けるか話し合った内容をまとめた書類）を作成する

❹　遺産分割協議書に相続人全員の実印を押印する

❺　相続人全員の印鑑証明書を集める

　ポイントは、財産の分け方について「全員の意見の一致が必要」ということです。多数決ではありません。１人でも実印を押してくれない人がいると、最終的には家庭裁判所で争うことになります。

　筆者もしばしば遭遇するのが、実は義父には前妻との間に子供がいたり、隠し子がいたりして、「相続をきっかけとして自分たち以外にも相続人が存在していることを知る」ケースです。当事者として大変困惑するのはもちろん、初対面である相続人といきなり遺産分割の生々しい話をしなければなりません。専門家に対して思わぬ費用を支払うことにもなります。

✔ 子供がおらず、兄弟姉妹がいると モメやすい

　また、上記【**ケース3**】の兄弟姉妹が相続人になるパターンはとくに要注意です。故・ご主人の兄弟姉妹の実印がなければ、預金を引き出すこともままなりません。筆者の案件でも、いろいろとビックリしてしまう奥様が多いパターンです。以下は、そんな案件の一例です。

　ある奥様（Aさん）が、「死亡した主人（B）には4人の兄弟姉妹（C～F）がおり、彼らが実印を押してくれず、預金が引き出せなくて生活に困っている」と相談にきました。Aさんとしては、「二人三脚で老後のために貯めてきた預金が、兄弟姉妹の実印がないと引き出せないなんて納得がいかない」という気持ちです。他に良い方法もないので、Aさんは再びC～Fに会いにいきました。事情を説明し、印鑑を押してもらえませんかとお願いしたところ、C～Fはこう言い放ったのです。

　「兄さん（Aさんのご主人B）は、両親から私たちより多めに遺産を相続していた。だから、兄さんの遺産はもともと私たちのものであって、あなたのものではありません！」

　Aさんは泣き崩れてしまいました。その後、家庭裁判所で争うこととなりましたが、心労がたたったのかAさんは体調を崩し、早くに亡くなりました。

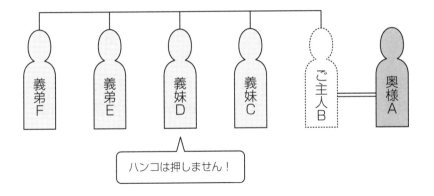

この案件にはまだ続きがあります。

Aさんが亡くなったので、Aさんの相続人としての地位はさらに、Aさんの相続人に引き継がれることになります。Aさんにも4人の兄弟姉妹がいましたので、その相続権は、Aさんの兄弟姉妹に相続されました。その結果、家庭裁判所では、C〜Fの4人と奥様の兄弟4人、計8人で遺産を争う事態となってしまいました。ご主人Bが遺言書をしっかり作成しておかなかったばかりに、こんなにも多くの兄弟姉妹同士が、遺産を争うことになってしまったのです。

ちなみに、兄弟姉妹（この案件の8名）のなかに故人が含まれる場合は、さらにその子（甥・姪）に相続権が発生します。遺産トラブルの当事者がどんどん増えていくことになります。

この案件のようなトラブルとならないよう、とくに子供のいない奥様においては、しっかりとした公正証書遺言を、ご主人に作成してもらっておきましょう。もし奥様が先に死亡してしまった場合は、ご主人も同じ手続きに苦労することになるため、どちらが先に亡くなっても安心できるように、ご夫婦でお互い公正証書遺言を作成しておくことをオススメします。

ここからは、遺言書を作成しておかないとトラブルになるおそれがあることをふまえ、遺言書には主にどのような種類があるのか、みていきます。

　遺言書は全部で７種類ありますが、本書では奥様にとって理解しておきたい３種を解説します（**(1)自筆証書遺言**、**(2)公正証書遺言**、**(3)秘密証書遺言**）。

✔ 遺言書(1)　自筆証書遺言

　自筆証書遺言とは、手書きの遺言書のことです。遺言者が遺言の全文[18]・日付・氏名を自書し、押印して作成する遺言です。

　筆記具と紙さえあればいつでも作成可能ですから、他の方式と比べ費用がかからず、手続きも簡単です。

　とはいえ、「全文自書」「日付」「氏名」「押印」の要件が１つでも欠けていれば、たとえどんなに丁寧に内容を書いたとしても無効とされます。

　筆者のもとにも、氏名だけが自書で、本文はパソコン[19]で作成された自筆証書遺言が持ち込まれることがあります。全文自書の要件が満たされていませんので、このような自筆証書遺言は無効となります。被相続人の意向など無視して、法定相続分で遺産分割しなければなりません。

---

[18]　ただし財産目録を除きます。③－②参照。

[19]　点字機で打った遺言や、テープレコーダー・動画による遺言も、全文自書の要件を満たさず無効となります。

　なお、自書は鉛筆で書いていても有効とされ、押印は認印や拇印でも有効とされますが、いずれも「真実性が確認できない」として相続トラブルに発展する可能性が高く、避けたほうが賢明です。

ちなみに、自筆証書遺言は、勝手に開封してはいけません。映画などのイメージで、遺言書は相続人が全員集まったところで弁護士が開封して読み上げるものだと思っていませんか。実は、民法の規定により、勝手に開封してしまうと5万円以下の過料に処される場合があります。

　では、封筒に入っていない（封がされていない）遺言書は無効なのかというと、面白いことに、これは無効になりません。

　さて、自筆証書遺言は、作成が容易な反面、「法的要件不備のため無効」となるおそれがあります。

　筆者の経験上、たとえ法律上は有効であっても、実際には利用できなかったり、不備があったりする遺言書が多いです。「形式上有効な遺言書」と、「実際に使える遺言書」は、まったく違います。形式上有効であっても、財産の特定が不十分であったり、本当に遺言者本人が書いたものか特定できなかったり、さらには財産を遺したい人が特定されていなかったりして、実際の手続きを行う銀行窓口や法務局でお断りされることがあるのです。

　自筆証書遺言にはもう1つ、大きな欠点があります。原則として「検認手続」をしなければならないことです[20]。

　検認手続とは、家庭裁判所に相続人全員が集まって、遺言書が検認日における遺言書の内容を明確にして遺言書の偽造・変造を防止するための手続きです。勘違いされがちですが、遺言の有効・無効を判断する手続きではありません。

　検認手続は、相続人全員の戸籍をすべて集めてから、家庭裁判所に申立てを行い、家庭裁判所が相続人全員に対して「〇月〇日に検認手続を行いますので、希望者は出席してください」という趣旨の

---

[20]　法務局保管制度を利用する場合を除きます。**3**－**②**参照。

通知をすることで、行われます。

　このとき、申立ての前の「相続人全員の戸籍集め」で手間取ることが、よくあります。自分の両親・祖父母・子・孫等直系の血族の戸籍謄本は、先述の通り自分だけで取得できますが、兄弟姉妹等の横並びの血族（傍系血族）の戸籍謄本は、原則として勝手に取得することができないからです。兄弟姉妹との仲が悪かったり、連絡がつかなかったりして協力が得られない場合は、司法書士等の専門家に依頼して、職務請求により戸籍収集をすることになりがちです。

　相続発生後の情景を想像してみてください。せっかく世話になった子にすべての財産を相続させてやろうと遺言をしたにもかかわらず、その子は大変な苦労をして兄弟姉妹に頭を下げ、専門家に費用を払って依頼をして……という状況になるのです。そのうえ、検認手続の際、わざわざ「すべての財産が自分のものになる」という内容の遺言を兄弟姉妹に見られるのですから、気まずい空気になるであろうことが、容易に想像できるでしょう。

　自筆証書遺言は、ときに遺産争いの火種にもなるのです。

　このほかにも、天災・窃盗が発生すると紛失してしまうおそれがあることや、遺言の存在をどうやって遺族に知らせるか悩ましい、といった問題点があります。

自筆証書遺言のメリット

- いつでも、1人[21]で、簡単に作れる
- 費用がかからない

---

[21] なお、1枚の用紙に夫婦で仲良く自筆証書遺言を作成し、連名で署名押印しているケースがまれにありますが、この遺言書は無効になります。2名での作成を認めると、1名での自由な撤回ができなくなり、権利関係も複雑化するため、法律で禁止されています（共同遺言の禁止）。どんなに夫婦仲が良くとも、遺言書は別々に作成しましょう。

自筆証書遺言のデメリット

- 手書きしなければならない（※財産目録を除く）
- 天災・窃盗による紛失、偽造・変造のおそれがある
- そもそも遺言書が遺族に発見されないおそれがある
- 形式不備で無効になるおそれがある
- 家庭裁判所の検認手続が必要（※法務局保管の場合を除く）

✅ 遺言書(2) 公正証書遺言

　公証人に作成してもらい、かつ、原本を公証役場で保管してもらう方式の遺言です。作成・保管は公証人が行いますので、法的にもっとも安全・確実で、後日のトラブル防止のためにも一番望ましい形式といえます。

　天災が起こったとしても、電子上に保管してあるため、謄本の再発行ができるので安心です。

　公証人費用がかかることと、2名の証人の立会いが必要なこと等が、デメリットとしてあげられます。

　この、2名の証人の立合いが必要であることが意外とやっかいで、相続人になる予定の人や、受遺者（遺言により遺産を受け取る人）は証人になることができないというルールがあります。かといって、友人に頼んで自分の財産や遺言内容を知られてしまうのも、ちょっとイヤですよね。そういうときには、行政書士等の専門家にお任せすれば、秘密を守りながら作成できます。

公正証書遺言を作成する公証人の費用は法律で定められており、全国どこで作成しても同じ[22]ですが、行政書士等の報酬は各専門家が自由に決めますので、依頼前に費用を確認しましょう。その相場は一概にはいえませんが、およそ5万〜15万円程度が多いようです。

　行政書士等の専門家を介することなく、直接公証人に依頼して作成することもできますが、公証人は公務員であるため、原則として依頼人の言う通りに作成します。専門家に依頼すれば、公証人との面倒なやりとりを代行してもらえるだけでなく、遺言に必要な戸籍や固定資産税評価証明書の取得も代行してくれます。事務所によっては、遺留分・相続税・家族構成・二次相続等、さまざまなことをコンサルタントのように検討して依頼人に合った提案をしてくれますので、費用をかける価値があります。相続業務に積極的に取り組んでいる事務所であれば、遺言だけに留まらず、その他の相続対策もセットで検討してくれますので、そのような対応が可能かどうか、あらかじめ問い合わせてみるのもよいでしょう。

公正証書遺言のメリット

- 遺言の存在・内容を明確にできるため、無効になるおそれがほとんどない
- 公証役場で保管するので、紛失や偽造・変造のおそれがない
- 検認手続が不要
- 死後に遺言を使用する際、相続人全員の戸籍集めが不要

公正証書遺言のデメリット

- 公証人費用がかかる
- 証人が2名必要

---

[22] 公証人手数料　http://www.koshonin.gr.jp/

遺言書(3)　秘密証書遺言

　遺言を秘密証書遺言の方式で作成する人は少ないです。

　遺言者が用紙に遺言内容記載し、自署・押印したうえで封印し、公証人役場に持ち込み、公証人および証人立会いの下で保管を依頼します。

　遺言内容を誰にも知られずに済むので、偽造の防止になり、遺言書の存在を遺族に明らかにできる等のメリットがありますが、遺言内容を知っている人が公証人含めて本人以外いないため、不備があれば無効となるおそれがあります。また、公証人費用が発生し、自筆証書遺言と同じく検認手続も必要となります。

秘密証書遺言のメリット

- 遺言の内容を秘密にできる
- 代筆やパソコンでもかまわない
  （ただし、本人の署名押印は必要）
- 公証人の証明があるので、偽造・変造のおそれがない

秘密証書遺言のデメリット

- 形式不備で、遺言自体が無効になるおそれがある
- 自ら保管するので、紛失のおそれがある
- 証人が2名必要
- 公証人費用がかかる
- 遺言の内容を執行する際に、家庭裁判所の検認手続が必要

① 手書きの遺言と公正証書遺言では、遺された相続人の手間がぜんぜん違う

オススメは公正証書遺言

　筆者のオススメは、公正証書遺言による方式です。公正証書遺言のメリットは先述の通りですが、それでも無料で手軽な「自筆証書遺言」にこだわる人が少なくありません。おそらく、死後に待っている検認手続のことや、無効になるリスクを知らないがゆえのことでしょう。

　筆者が経験した案件で、自筆証書遺言に関して困ったことがありました。ある日、筆者の事務所に電話があり、「父（甲さん）が亡くなったので相続手続をしてほしい」とのご依頼を、相続人である奥様（Aさん）から受けました。

　面談してみると、Aさんは公正証書遺言（平成21年作成）をお持ちでした。「公正証書遺言書があるなら話が早い」と思い、さっそく遺言内容の通り手続きを行おうとした矢先、相続人ではない親戚のJ氏より、「私は、甲さんから亡くなる直前に預けられた手書きの遺言書を持っている。こちらの遺言書が有効なはずなので、この通りに手続きしてほしい」との電話があったのです。そして、J氏が持ってきた遺言書（平成28年作成）は、「ほとんどの財産をJが相続する」という内容だったのです。

　「平成21年に作成された公正証書遺言」と「平成28年に作成された自筆証書遺言」、どちらの遺言書が有効かというと、後で作成されたほうです。自筆証書遺言書であろうと公正証書遺言書であろうと、取扱いは同じで、日付が新しいほうが有効となります。

　2つの遺言書で、記載内容が同じ箇所は問題ありませんが、内容が異なっている箇所については、先の遺言書を撤回して、書き直したものと判断されます。

③　作って安心！　遺言書の効力

筆者としては、J氏の遺言書を有効なものとして手続きを進めるしかありませんでしたが、もちろんAさんは納得しませんでした。その後、J氏の自筆証書遺言は実は不備だらけであったことが発覚したので、Aさんは「そんな遺言書は無効だ」「そもそも当時、父は認知症だったはずだ、Jが遺言書を偽造したに違いない」と主張する事態となりました。筆者としては、遺言書の執行をいったん中断するほかありませんでした。

　このトラブルの原因は、2つめの遺言書を自筆証書遺言で作成してしまったことにあるといえます。遺言書は何度書き直ししてもかまわないものであり、2つ以上の遺言書が存在してもおかしなことではありませんが、2つめの遺言書も公正証書遺言で遺されていれば、少なくとも偽造の可能性を排除できたはずです。
　遺される大事な家族を思うのであれば、多少費用がかかろうとも、遺言書は公正証書遺言にて遺すべきでしょう。

［番外編］ 映像遺言

　また、最近では、公正証書遺言を作成した理由や子供たちへの感謝の気持ちを動画で表現し、公正証書遺言とDVDをセットで保存する人が増えています。いわゆる「映像遺言」というものです。
　映像遺言には法的な効果こそありませんが、動画で想いを遺すことによって、遺族が感動するだけでなく、それが遺留分侵害額請求（④−②参照）の抑止力になり、遺言が「書かされたものではない」という証拠にもなり、さらに「公正証書遺言の作成当時、認知症ではなかった」という証拠にもなるため、作成する意味は大きいのです。

平成31年1月に自筆証書遺言の方式緩和があって、さらに令和2年7月からは法務局で保管もしてくれるようになったそうね。

その通りです。
遺言がより普及するように、法改正されました。

簡単に自筆証書遺言が作成できるようになって、法務局に預けることができるなら、わざわざお金をかけてまで公正証書遺言にする必要はなさそうね。

たしかに、これら法改正には良い面もありますが、それでもやはり公正証書遺言でしたほうが良いという点がたくさんあります。たとえば……。

③ 作って安心！ 遺言書の効力

財産目録を自書するケースはレア

　相続法の改正により、平成31年1月13日から、自筆証書遺言（③-①参照）の方式が緩和されました。それまでは、全文を自書することが求められていましたが、現在は「財産目録」については自書ではなくパソコンで作成したり、別紙として銀行通帳や不動産登記事項証明書のコピーを添付[23]したりしてもよいことになっています。

　遺言書作成が簡単になるのは良いことといえますが、私見では、無効な自筆証書遺言が、改正でさらに増えると考えています。たしかに、改正により自書する箇所が減りますが、かえって書き方のルールが複雑になったともいえるからです。

　たとえば、自書でなくてもよいのは「財産目録」の部分についてだけであり、「本文」については必ず自書しなければなりません。そして、「本文（自書）」と「財産目録（パソコン等で作成）」を1枚の用紙にまとめて作成することはできません。「自書ではない財産目録」が認められるのは、あくまでも「財産目録」を別のページで添付する場合となるため、「自書ではない財産目録」を作成した場合は、必ず2枚以上の遺言書になります。

　そもそも、自筆証書遺言で「財産目録」が詳細に書かれているものは、それほど多くありません。少なくとも、筆者の案件では少数派です。

②　相続法改正後も、自筆証書遺言はやっぱりオススメできない

---

[23]　なお、別紙としてコピー類を添付する場合、遺言者は、自書ではない箇所があるすべてのページに、署名・押印をしなければなりません。

実際の自筆証書遺言では、「一切の財産を妻A子に相続させる。」「すべての不動産は長男Bに相続させる。その他の一切の財産は妻Aに相続させる。」というように、ざっくりとした記載が多いです。つまり、大多数の人にとって、自筆証書遺言の要件緩和の恩恵はないのです。

財産が多岐にわたり、それを詳細に分け与えたいという資産家であれば、財産目録の作成がラクになるかもしれませんが、そのような方は、なおさら公正証書遺言をオススメします（③-①参照）。

✅ 法務局保管制度の実際

令和2年7月10日から、法務局に自筆証書遺言を保管してもらう制度が創設され、家庭裁判所による遺言の検認手続（③-①参照）が省略できるようになりました。なお、公正証書遺言は法務局に保管申請することはできず、その原本が公証役場に保管されます。

遺言者は、作成した自筆証書遺言を管轄の法務局[24]に持参することで、その保管を申請できます。

保管申請の際、次の❶〜❺に注意が必要です。

❶　保管申請の日時の予約[25]
❷　本人自ら遺言書の持参（遺言書のホッチキス止めは不要。封筒も不要）

---

[24]　「遺言者の住所地もしくは本籍地」または「遺言者が所有する不動産の所在地」を管轄する法務局（遺言書保管所）。
[25]　全国各法務局に直接電話するか、予約専用ページ（下記）より予約可能。
https://www.legal-ab.moj.go.jp/houmu.home-t/top/portal_initDisplay.action

❸ あらかじめ「保管申請書」を記入のうえ持参

❹ 本籍地記載のある住民票の写し（作成後3か月以内）と本人確認書類[26]の持参

❺ 手数料の持参（遺言書1通につき3,900円分の収入印紙）

遺言は本人しか実行できず、他人が代理で行うことができません（公正証書遺言においても同様です）。遺言者が管轄法務局に自ら出頭した際、遺言書保管官は、遺言者の本人確認と遺言書の確認を行います（❷）。病気等で本人が出頭できない場合は、制度を利用できません。

また、遺言書保管官は、遺言者が持参した自筆証書遺言の適合性を確認してから受付をするため、遺言者は封をせずに持参しなければなりません（❷）。

ここでの確認は、保管申請にかかる遺言書について法律が定める最低限度の外形的な確認・適合性の審査を行うだけで、その遺言書の内容が適法・有効であることを認めて受け付けるわけではない点に、注意が必要です。

つまり、遺言書保管官は、審査の時点で外形的に「明らかに無効」な遺言書であれば、「これは無効な遺言書だから、やり直してください」と教えてくれますが、その遺言書が外形的に有効である限りは、たとえその内容に不備があったとしても、受け付けるということです。

②　相続法改正後も、自筆証書遺言はやっぱりオススメできない

---

[26] 本人確認書類……マイナンバーカード、運転免許証、運転経歴証明書、パスポート、乗員手帳、在留カード、特別永住者証明書のうちいずれか1点。

✔️ 保管制度を利用しても
　戸籍集めの苦労は変わらない

　自筆証書遺言の保管を申請した遺言者の相続人は、遺言者の死亡後[27]、法務局に保管されている自筆証書遺言について、遺言書情報証明書（法務局に預けている遺言書原本のコピー）の交付を請求することができます。

　相続人は、遺言書情報証明書を使って相続登記や銀行手続を行うことができます（遺言書の原本は返してもらえません）。

　遺言書情報証明書が交付申請されると、遺言書保管官は「遺言書を保管している」旨を、速やかに相続人全員および受遺者・遺言執行者に通知します。要は、関係者全員に「ここに遺言書を保管しているよ」と通知するわけです。

　そして、この通知をするために法務局は、検認手続と同様の書面（相続人全員の戸籍一式）を求めます。

　つまり、法務局保管制度により検認手続が不要となりラクになると思いきや、遺言書情報証明書を交付申請の際、結局は相続人全員の戸籍収集をしなければならず、その苦労は変わらないのです。

　この点、公正証書遺言であれば、相続人全員の戸籍収集は不要ですし、相続人全員へ通知がなされることもありません。

　まとめると、**【図表３−Ａ】**の通りです。

③　作って安心！　遺言書の効力

---

[27]　なお、遺言者の生存中は、プライバシー保護の観点から、たとえ相続人になる予定の人でも、遺言者本人を除いて、遺言書を閲覧することができません。

［図表３－Ａ］　まとめ

	自筆証書遺言 （自分で保管）	自筆証書遺言 （法務局で保管）	公正証書遺言
相続人全員の 戸籍収集	必要	必要	不要
相続人全員への 通知 [28]	家庭裁判所から 検認期日の通知 あり	法務局から通知 あり	なし
検認手続	必要	不要	不要

　自筆証書遺言は、公正証書遺言と比べ、相続人にかなりの負担を強いる形式です。自筆証書遺言にかかる費用（検認手続、相続人全員の戸籍収集の際にかかる専門家費用）と、公正証書遺言の費用（作成の際にかかる専門家費用）はそれほど変わりませんので、公正証書遺言を選択すべきです。

　また、公正証書であれば、公証人が遺言者の都合のよい場所まで出張してくれますし、代筆も可能ですので、身体が不自由な方でも作成できます。

　ご主人の相続はもちろんのこと、奥様が自身の相続で、子供たちに面倒をかけたくないのなら、遺言は公正証書遺言にて作成しましょう。

②　相続法改正後も、自筆証書遺言はやっぱりオススメできない

---

[28]　遺言執行者を定めた場合には、遺言執行者が職務として相続人に通知する義務があります。

3 ③ とくに遺言を遺した ほうが良いのはこん な人

自筆証書遺言より公正証書遺言のほうが良い のはよくわかったけど、そもそも、本当に誰し も、遺言書を作成したほうが良いわけではない でしょ？

う〜ん、そうですね……。基本的には、相続人が 1人の場合以外は、遺言書を遺しておくべきと思 われますが……。たしかに、「とくに遺言書がな いと大変になるケース」というのはあります。

やっぱりそうよね。ウチは自宅と少しの預金だ けで、たいした財産もないから、遺言書なんて 必要ないんじゃないかしら。

いいえ、そんなことはありません。遺された遺 産が「自宅と少しの預金」であるケースは、意 外にモメるパターンの1つですから。

どうして？
自宅は同居している長男が相続して、預金も分 け合えば良いじゃない。
子供たちの仲も良いのよ。

③

作って安心！　遺言書の効力

その認識こそが危険です。たとえば、自宅の価値が預金より大きい場合、自宅を相続した長男は、自身の財産から兄弟にお金を支払うことになってしまうケースがあり得るからです。

たしかに、それはモメそうね……。
やっぱり公正証書遺言を作成するのが一番ね。

✅ 財産が少ないほうがモメる

　筆者が多くの相続相談を受ける中で、遺言書のお話をするとよく返ってくる言葉があります。「ウチは大した財産を持ってないから、遺言書なんていらないわよ」という言葉です。

　遺言書を作成しておくべきかどうかを、「財産の多い／少ない」というモノサシだけで判断するのは危険です。むしろ、少ないほうがモメます。

　相続問題は「お金持ちの家庭だけの問題」といったイメージを抱くかもしれませんが、必ずしもそうではありません。

　司法統計（平成30年）[29] によると、遺産分割事件のおよそ76％は、遺産額が5,000万円以下です。

　筆者の私見ですが、お金持ちの人ほど相続でモメない傾向があります。理由は大きく3つです。

[29]　https://www.courts.go.jp/app/files/toukei/738/010738.pdf

お金持ちの人は……

❶　モメることを想定して相続対策をしっかりと行っていることが多い

❷　子供もそれぞれお金持ちであることが多い（金持ちケンカせず）

❸　お金持ちは、お金持ちの家系と結婚していることが多いので、相続人の配偶者が口を出さない

　遺産争いで「あるある」なのが、「相続人の配偶者が口を出してくる」ことです（❸）。

　例を挙げましょう。

　仲の良い兄弟がいたとします。いざ相続発生（兄弟の親が死亡）の際、都会に出た弟は「兄貴が親の面倒をよく看てくれたから、兄貴にほとんど譲ってもいい」と言っています。しかしここで、弟の妻が「いやいや、あなた何を言っているの。相続分はちゃんともらってよね。もうすぐ子供が大学に進学することだし……」などと、遺産分割の話合いに口を出してしまうと、高確率でモメます。そう言ってしまえば、今度は兄の妻が黙っていないからです。

　義両親の介護をしていた兄の妻からすれば、「介護を一切手伝ってくれなかったくせに、不公平！　許せない！」と、こうなるわけです。

　どちらの言い分も、よくわかります。

　経験上、烈火のごとく争い合っている相続人の方と個別に話してみると、皆さんとても良い人です。しかし、家族の歴史とでもいいますか、過去にあったさまざまな、ちょっとしたわだかまりが、相続をキッカケとして一気に噴き出すのです。

　介護をした相続人には、寄与分（**2**−②参照）が認められる場合

もありますが、モメてしまうと寄与分の算定が難しかったり、認められなかったりする場合も多くあるので、やはり介護される立場の親としては、遺言の作成を考えるべきといえます。平等に相続させたい場合も、「こういう理由で平等に相続させたい」という気持ちを遺言に書いておけば、相続争いを回避できる可能性が高まります（③−④参照）。

一方、比較的裕福な人については、兄弟姉妹も同様に裕福な人が多い傾向があるように感じます。

筆者の経験でも、司法書士費用や税理士費用がそれなりにかかる案件のとき、各兄弟姉妹が「姉には親の世話を任せきりにしていたから、費用は自分が払う」「いやいや、年長者の私が払う」といった具合に、お互い感謝の言葉を伝えながら言い合った案件もありました。お金に余裕があると、心にも余裕が出やすい傾向にあるのでしょう。

親の生前はどんなに兄弟姉妹の仲が良かったとしても、相続発生後に遺産相続争いをしてしまうのなら、それは親の責任でもあります。よく、「相続で一度モメると、兄弟姉妹の仲は戻らない」といいます。大切な親の喪失がキッカケで、兄弟姉妹の縁が切れてしまうことほど、悲しいことはありません。そうならないためにも今、しっかりと家族と向き合って、相続の準備しておきましょう。

③　とくに遺言を遺したほうが良いのはこんな人

✅ とくに遺言書を作ったほうが良い人

次のチェックリストの中に１つでも当てはまる場合は、とくに遺言書を作成しておくよう、強くオススメします。公正証書遺言の作成をご検討ください。

遺言書を書いたほうが良い人

- ☐ 夫婦間に子供がいない
- ☐ 夫に離婚歴があり、前妻との間に子供がいる
- ☐ 内縁関係（事実婚）である
- ☐ 推定相続人の中に認知症等の方がいる
- ☐ 土地・建物を所有している
- ☐ 自営業者・会社経営者、または農業を営んでいる
- ☐ 子供のうちの1人が同居している／介護している
- ☐ 子供間の仲が良くない
- ☐ 相続人の数が多い
- ☐ 自分の相続で家族に面倒な手続きをさせたくない
- ☐ 子供間に経済的な格差がある
- ☐ 相続人以外の人に遺産を遺したい／寄附がしたい
- ☐ 相続人がまったくいない

以下、1つずつ項目をみていきます。

✔ 夫婦間に子供がいない

　夫婦の間に子供がいない（両親もすでに他界している）と、先述の通り、配偶者だけではなく兄弟姉妹も相続人となるため、非常にトラブルになるケースが多いです。この場合、残された配偶者は、亡くなったご主人の兄弟姉妹全員から実印押印・印鑑証明書をもらわないと、土地の名義変更はおろか、預金の引出しすらできません（預貯金仮払い制度の利用を除く。2－③参照）。兄弟姉妹が亡くなっている場合は、さらにその兄弟姉妹の子（甥・姪）全員から、実印押印と印鑑証明書をもらう必要があります。これは大変な労力を伴います。

なにより、今まで夫婦二人三脚で築き上げた財産を、夫の兄弟姉妹に分けないといけなくなるのは、不本意というものです。

一方、ご主人側の親族にとって、先代から受け継いできた土地・自社株式等の財産が、妻の親族にすべて相続されてしまうのは不本意、という場合もあります。それならそれで、ご主人の親族が承継すべき財産はその意向通りに承継できるよう、遺言書を作成すべきです。

このように、遺言書を作成しておくことによって多くの問題が解消されます。

また、夫婦間に子がない人は、その「兄弟姉妹には遺留分がない」という点からも、遺言書が重要です（遺留分については **4** ー **②** 参照）。

 # 夫に離婚歴があり、
　　　　前妻との間に子供がいる

被相続人に前妻がある事例

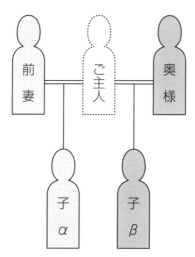

ご主人の前妻との間に子供（α）がおり、そして、奥様との間にも子供（β）がいる場合、奥様は会ったこともない前妻の子αと遺産の分け方を話し合い、実印の押印と印鑑証明書をもらわなければなりません。お互い住んでいる場所も知らないこともあるため、司法書士等の専門家に依頼して、戸籍や住所の調査を行うことが多いです。これは、遺された奥様や子βにとって大変な労力です。

　一方、前妻の子αからすれば、いきなり遺産分割の法的書類が届くわけですから、「いまさらなんだ！」と憤慨してしまうこともよくあります。ムダなトラブルを避けるためにも、遺言を遺しておくべきケースといえます。

　筆者が実際に経験した案件で、次のようなケースがありました。

　ある日、Ａさん（男性）から、「父が死亡したので、相続登記をお願いしたい」という依頼がありました。どうやら、相続登記が終わったら、その土地上に自宅を新築する予定のようです。

　ＡさんはＢさんとの2人兄弟で、2人は亡父とその前妻との間の子でした。亡父は離婚後に再婚し、後妻との間には子供がいませんでした。そして、父が亡くなり、後妻は父を追うようにその1か月後に亡くなったのでした。Ａさんは筆者の事務所に来たときには「相続人は私と弟のＢだけです」と説明しましたが、実はそう単純ではありません。

　夫が死亡した時点の相続人は、Ａ・Ｂ・後妻の3人です。そして、夫の相続手続きをしないまま、その1か月後に後妻が死亡したということは、次に「後妻の相続人は誰か？」ということを考えなければなりません。後妻とＡ・Ｂは養子縁組していなかったため、Ａ・Ｂは後妻の相続人ではありません。第2順位の相続人である後妻の両親が死亡していたため、相続人は第3順位の後妻の兄弟姉妹ということになります。

　そして、戸籍をたどってみると、なんと後妻は11人兄弟。しか

も、そのうち1人は、30年以上前から行方不明であり、生死すら
わからないといいます。これら全員から実印押印と印鑑証明書をも
らわなければ相続登記をすることができないと知り、Aさんは
茫然としてしまいました。行方不明の方については、行方不明だか
らといって勝手にその権利を奪うことはできませんので、行方不明
者の財産管理をするために「不在者財産管理人[30]の選任」の申立
てを家庭裁判所に行い、弁護士に就任してもらいました。

　Aさんからすれば、自分とBの2人だけの手続きですぐに相続
登記できると思っていたのに、踏んだり蹴ったりの状態でした。不
在者財産管理人である弁護士は、行方不明者の利益を守らなければ
なりませんので、少なくとも法定相続分の金額はもらわないと印鑑
を押してくれませんし、11人も兄弟がいれば、お金を条件に協力
するという人もいます。最終的にこの相続手続は1年間かかり、A
さんは遺産分割のために差し出すお金や弁護士に支払うお金等合わ
せて100万円を超える出費となってしまいました。

　このケースでは、夫が再婚しているケースでしたが、奥様が再婚
しているケースでも同じことが起こり得ます。再婚している人につ
いては相続関係が複雑になりがちですので、とくに公正証書遺言の
作成を検討しましょう。

　ちなみに、もし後妻が先に死亡し、後に夫が死亡した場合は、相
続人はA・Bの2人だけです。夫が死亡した時点で、すでに後妻は
いませんので、「さらなる後妻の相続人は誰か？」ということは考
える必要がないのです。このように、相続は死亡した順番によって
驚くほど相続人が変わってしまう性質があるので、注意しておかな

③　とくに遺言を遺したほうが良いのはこんな人

---

[30]　行方不明者に財産管理人がいない場合に、家庭裁判所は申立てによ
り、不在者自身や不在者の財産について利害関係のある人の利益を守るた
め、財産管理人選任を行うことができます。不在者財産管理人は、不在者
の財産を管理するほか、不在者に代わって遺産分割や不動産の売却等を行
うことができます。

ければなりません。

　また、次のような事例もありました。

　父と前妻は子供の幼少期に離婚しており、後妻が「育ての親」であったため、前妻の子と後妻との関係が大変良好な家族でした。後妻は前妻の子を我が子のように育ててきたため、父が死亡した際の相続手続では、子供たちは「お母さんが全部相続してくれたらいいよ」という話で、円満に後妻がすべての遺産を相続することになりました。

　そして事件は起こります。後妻が不幸にも交通事故で亡くなってしまったのです。事故が市営バスによるものであったため、損害賠償として相続人に対して数千万円支払われることになりましたが、さてその相続人とは誰でしょうか。

　この場合の相続人は、後妻の兄弟姉妹です。前妻の子からすると、自分の実家を含む父の遺産をすべて相続した後妻の遺産は自分たちにはまったく相続されず、すべて後妻の兄弟姉妹に相続されてしまうのですから、たまったものではありません。しかも、後妻とその兄弟姉妹は疎遠で連絡を取ることもない関係でした。もともと後妻が持っていた数千万円と実家、そして市から支払われる損害賠償金数千万円は、会ったこともない後妻の兄弟姉妹がすべて相続してしまいました。前妻の子たちは、相続人としての権限が法律上まったくありません。実家やお金を譲ってもらうにしても、それは遺産分割ではなく贈与となるため、暦年贈与の110万円を超える額については、贈与税が課税されてしまう関係になります。

　もはや後の祭りですが、このケースでは前妻の子と後妻との間で養子縁組をしておくべきでした。もちろん遺言も有効な手段ではありますが、関係が良好であって我が子のように育ててきたのであれば、どこかのタイミングで養子縁組をしておくのがベストであったと考えられます。

内縁関係（事実婚）である

　現在の日本では多様な夫婦の形があり、内縁関係であっても判例上多くの権利が認められてきていますが、相続においては、あくまで法律婚が重視されており、内縁関係の者には相続権を認めていません[31]。

　筆者が経験した案件で、内縁の夫が死亡し、その内縁の妻が「私のすべての財産を乙野花子ゆずる」とだけ書かれた自筆証書遺言を持ってきた、ということがありました（右記）。結論からいうと、この遺言は「有効」ですが「使えない」遺言書となり、銀行口座の引出しや土地建物の名義変更（登記）は、一切手続きできませんでした。

　この遺言書には「ゆずる」という不適切な書き方[32]を含めて、さまざまな不備がありましたが、一応法律上の要件を満たしているため、「有効」な遺言書でした。し

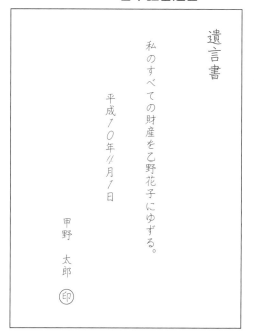

[図表3－B]　有効だが使えない自筆証書遺言

> 遺言書
>
> 私のすべての財産を乙野花子にゆずる。
>
> 平成10年11月1日
>
> 甲野　太郎　㊞

③　とくに遺言を遺したほうが良いのはこんな人

---

[31]　例外として、アパート等の賃借権については相続できます。
[32]　相続人でない人に遺産を遺したい場合は、「遺贈する」と書くのが適切。また遺言執行者も指定しておくべきです。

かし、その遺言書を書いた人物と、受け取る人物の「特定」ができなかったのです。

たとえば銀行の立場からすれば、「この遺言書を書いた甲野太郎と、口座名義人・甲野太郎が同一人物であるかわからない」し、「遺言書に書いてある乙野花子が、今まさに窓口で1億円を引き出そうとしている乙野花子と同一人物かわからない」ということです。不動産の名義変更（登記）でも、同じ理由で手続きできません。同姓同名の人物である可能性があるわけです。

このケースでは、ご主人と奥様の本籍・住所・氏名・生年月日まで書いていれば、問題なく手続きできたと考えられます（なお、仮に奥様が内縁関係ではなく、結婚していて戸籍上「妻」と明示されていれば、常識的に妻に相続させる意図であろうという解釈で、手続きできた可能性は高いと考えられます）。

 ## 推定相続人の中に認知症の方がいる

相続人の中に認知症・知的障害者・行方不明（以下「認知症等」といいます）の方がいる場合には、自分自身で意思表示ができないため、そのままでは相続手続を進めることはできません。まず、家庭裁判所に対して認知症等の方の代わりに財産管理を行う成年後見人や不在者財産管理人（以下「成年後見人等」といいます）を選任するように申し立て、その選ばれた成年後見人等とともに遺産分割をしなければなりません。なお、成年後見人等は本人の財産を守ることが仕事ですので、法定相続分の財産を受け取らなければ実印を押すことはないでしょう（後見については**6**－①参照）。

事例でみてみましょう。

相続人が奥様と子供2人の場合で、遺産は1,000万円の価値のあ

る自宅だけというケースで考えてみます。法定相続分は奥様500万円、子供それぞれ250万円ずつです。なお、次男は知的障害者です。

　もし仮に、相続人全員が健常者であるなら、「自宅は妻が相続する」と話がまとまれば、妻は自分に名義を変えて、「子供たちは何も相続しない」という内容で遺産分割することも可能です。法定相続分が法律で決められていても、話合いで自由に分けることができるため、他の相続人が「ゼロでもいいよ」というのなら、それでよいからです。

　しかし、事例のように認知症等の方がいる場合は話が違います。繰返しになりますが、成年後見人は本人の財産を守ることが仕事ですので、基本的に法定相続分の財産を受け取らなければ、実印を押すことはありません。この事例の場合、次男の成年後見人は法定相続分250万円を守らなければなりませんので、奥様は次男（の成年後見人）に対して250万円を支払わなければ、自宅を自分の名義に変えることができないのです。

　このように、知的障害者や認知症等の方がいる場合は、自由に遺産分割をすることができず、法定相続分通りの遺産分割を強いられるため、非常に手間・お金・時間がかかります。なお、奥様や長男が次男の成年後見人である場合においても、利益が相反するために別途「特別代理人」を選任しなければならず、同じ結果となります。要は、恣意（しい）的な遺産分割ができない仕組みになっているのです。

　このようなケースでは、相続手続がすべて終わるのに半年以上かかることも多く、相続人の労力は並大抵のものではありません。さらに、成年後見人の仕事は、この相続手続が終わって「はい、おしまい」とはいかず、本人が死亡するまで成年後見人を付けておかなければなりません。成年後見人に報酬を払い続けることを考えると、「たった一度の相続手続のためだけに、亡くなるまで成年後見

③　とくに遺言を遺したほうが良いのはこんな人

制度を利用することになるのか」と二の足を踏んでしまうことも多いのが実情です。

このケースも、ご主人が元気なうちに遺言書を作成しておけば、速やかに相続手続が完了したはずです。読者である奥様方は、相続人の中に「認知症の方」「知的障害のある方」「連絡の取れない方」がいないか確認してください。これらの方がいるようであれば、元気な今のうちに、ご主人とともに遺言書作成について話し合ってみましょう。

内閣府『高齢社会白書（平成29年版）』によれば、認知症と診断された65歳以上の高齢者は令和2年にはおよそ600万人に達し、認知症患者は2030年に830万人（人口の7％）、2060年に1,154万人（人口の12％）まで増加する可能性がある、とされています。また別のデータ[33]では、2030年には認知症患者の保有資産が215兆円に達すると予想されています。この215兆円という数字は、なんと日本全体の家計金融資産の10％を超えるそうで、それだけのお金がまったく動かない凍結状態になるのですから、これはちょっとした金融危機です。

認知症になってしまったら、「生前贈与」「売買契約」「遺言」「投資」等、あらゆる相続対策は行うことができなくなりますので、自分は大丈夫だと思わずに、早めの対策を取っておくべきです。

認知症と診断されていなくても、年齢を重ねるとともに判断能力が低下することは自然なことですので、将来自分の親や自分自身が認知症になったときのことを頭に入れて、対策しておくことをオススメします。

---

[33] 第一生命経済研究所「Economic Trends」
http://group.dai-ichi-life.co.jp/dlri/pdf/macro/2018/hoshi180828.pdf

✅ 土地・建物を所有している

　遺産に土地・建物が含まれている場合、その土地・建物を相続する予定の方は注意が必要です。よくあるのが、地元に残っている長男が実家を相続するパターンです。

　たとえば、相続人は2名（長男・長女）で、遺産の内容が「土地・建物1,000万円」「預貯金1,000万円」の合計2,000万円とします。ありがちなのが、都会に嫁いだ長女は土地・建物はいらないので、「実家はお兄ちゃんが住んでいるし、お兄ちゃんのものでいいけど、預貯金1,000万円は私のものでいいよね」と主張するケースです。

　長男が「親の面倒をみたのは俺たち夫婦なんだし、建物の修理や固定資産税のことも考えると、預貯金もある程度もらわないと割が合わない」と主張すると、もう話がまとまりません。もし妹がある程度理解してくれていて、親への貢献度を考慮してくれれば、「私は300万円だけでいいよ」という風に話がまとまりますが、そうなるとは限りません。

　このケースで、実家に住んでいる長男が実家を相続するしかないと考えるなら、預貯金1,000万円すべては妹が相続することになります。長男は実家に住み続けることはできますが、受け取るお金はゼロです。

　たとえ少額であったとしても、遺産を遺す親として、「世話になった息子／娘に少しだけでも多くの遺産を遺してあげたい」「無用な話合いはさせたくない」と考えるのであれば、公正証書遺言を作成しておくとよいでしょう。

③　とくに遺言を遺したほうが良いのはこんな人

✅ 自営業者・会社経営者、 または農業を営んでいる

　ご自身で商売をしている人は、とくに遺言書の必要性が高いです。これは自営業や個人事業主でも、会社経営者でも同じです。

　なぜなら、後継者には事業で使用する資産を引き継がなければならないからです。

　事業承継については、公正証書遺言の作成だけでなく、元気なうちから対策を取ることが大変重要です。司法書士や税理士等多くの専門家のアドバイスを、多角的に受けましょう。

✅ 子供のうちの1人が同居している ／介護している

　先の例でも挙げましたが、兄弟姉妹のうち1人が同居をしていたり、介護をしていたりすると、遺産を平等に分けることが逆に不公平感が出てしまい、遺産分割が進まないことがあります。

✅ 子供間の仲が良くない ／相続人の数が多い

　これらはとてもシンプルですが、相続人同士の足並みが揃わないと、遺産分割の話などまとまるはずがありません。

✅ 自分の相続で家族に面倒な手続きをさせたくない

　公正証書遺言を作成しておけば、遺産について話し合うことなく相続手続ができ、検認という面倒な手続きもなくなります。

✅ 子供間に経済的な格差がある

　経験上、相続人の間で経済的な格差が大きい場合、「❶金銭感覚が違う」「❷親に対してしてきたこと、されてきたことの差が大きい」ため、遺産分割の話がまとまらない傾向にあります。経済的に厳しい子のほうに多く遺してあげたい、と考えるのが親心かもしれません。しかし、「お金と手間が多くかかった子に遺産を遺し、裕福で色々とプレゼントしてくれた子に一切遺さない」というのは、それはそれで心苦しいものです。

　悩ましいところですが、しっかりした希望があるのであれば、公正証書遺言を作成しておくべきです。遺言の中に「付言」を残すことによって、みんなが納得する内容にすることも可能です（③－④参照）。

✅ 相続人以外の人に遺産を遺したい／寄附がしたい

　相続人以外の人（Ｚさん）に遺産を遺したい場合は、生前に贈与しておくか、死亡をきっかけとして遺言によって贈与（遺贈または死因贈与）するのが一般的です。

たとえば、遺言書がない場合、亡くなった方の意向の通り他人であるZさんに遺産を引き継ぐには、一度相続人が遺産を相続して、そのあとに相続人からZさんに財産を売買か贈与で引き渡すことになります。亡くなった方の名義から、相続人をとばしてZさんの名義にすることは、手続き上不可能です。相続の手続きをショートカットできないのです。それに、遺言書がない以上は、いくら生前にZさんに遺すといっても、相続人はそれに拘束されませんので、実現される保証もありません。

　このような面倒な手続きだけでなく、その他の税金も発生してくるため、相続人以外に遺産を遺したい人や、ある団体に寄附したい人は、公正証書遺言を作成しておくべきです。

相続人がまったくいない

　相続人がいない場合には、特別な事情がない限り、遺産は国庫に帰属します。つまり、国のものとなります。

　もし、奥様のご主人が既に亡くなっており、他の相続人もおらず、ご自身の死後、お世話になった方への遺贈や、地元の市区町村・ボランティア団体・社会福祉関係の団体・研究団体などに寄附をしたい場合には、その旨の遺言をしっかりと作成しておく必要があります[34]。

---

[34] しっかりと遺言の内容を実現するためには、信頼できる遺言執行者（遺言の内容通り執行してくれる人）を選任しておくことが重要です。遺言執行者には誰でもなることができますが、法律に精通している司法書士・弁護士等が適任です。

筆者の案件で、相続人がいないため、献身的に介護をした親戚（甲さん）に自筆証書遺言を託して亡くなった方（乙さん）がいました。甲さんは、乙さんの死亡後に遺産を調査したところ、複数の預貯金があることが判明しました。

A 銀行	400 万円
B 銀行	1,500 万円
C 銀行	500 万円

　甲さんは当初、すべての預貯金を自分が取得できると思っていました。ところが、自筆証書遺言には「A 銀行の預金を甲に遺贈する。」としか書かれていませんでした。そのため、甲さんは A 銀行の 400 万円のみを受け取り、B 銀行と C 銀行の預貯金計 2,000 万円は国庫に帰属することとなりました。

　さらに、この遺言書は、ほかにも「お墓の管理については、甲に任せる。」「ペットの世話をしてほしい。」等、さまざまなお願いがたくさん書かれていました（「負担付き遺贈」であったのです）ので、甲さんは肩を落としてしまいました。なぜ乙さんが「すべての預貯金を甲に遺贈する。」と書かなかったのか、その真意は不明のままです。

③　とくに遺言を遺したほうが良いのはこんな人

3 ④ 法的には無意味でも、エンディングノートと付言を書いたほうが良いワケ

「エンディングノート」ってよく目にするけど、遺言となにが違うのかしら。

大前提として、エンディングノートには法的な強制力はありませんが、遺言には法的な強制力があります。誤解を恐れず言えば、エンディングノートはただのメモ書きと変わりません。

法的な効力がないなら、わざわざ作成する意味ないんじゃないの。

いいえ、そんなことはありませんよ。
エンディングノートには、財産以外の「伝えておかないと困ること」や「死後行ってほしいこと」を記載できます。相続人にとっても、とてもありがたいものなのです。

また、公正証書遺言であっても、エンディングノートと同じようにこれらを書き残すことも可能です。「付言」といって、末尾に書くことが多いです。

へぇ〜。遺言はとってもお固いものだと思っていたけど、書き方次第で温かいものにすることもできそうね。

せっかく作成するのですから、温かみのある遺言書にしましょう！

遺言と遺書はまったくの別物

遺言に対して、どのようなイメージをお持ちでしょうか。大半の方は、「縁起が悪い」「堅苦しい」「遺産争い」等、どちらかといえばマイナスのイメージがあると思われます。

私見ですが、遺言に縁起が悪いイメージがあるのは、「遺書」と名称がそっくりなためではないでしょうか。実際、多くの人が、遺言のことを間違えて「遺書」と呼びます。

遺書とは、今から自ら命を絶とうとする人が、最期に気持ちを書き残す文書のことです。

一方の遺言は、遺産の行き先を指定する「法的」な手続きです。

✅ エンディングノートを書く意味

いわゆる「エンディングノート」は、形式にとらわれることなく、死後の希望や、万が一認知症になったときにはどうしてほしいかということまで、自由に書くことができるものです。どちらかというと、死後だけでなく生前についてもさまざまな手続きを決定していかなければならない家族の負担を減らしてあげるもの、そして自分の生きてきた証（あかし）を伝える意味合いが強いものだといえます。

既に繰り返している通り、遺言は法的な強制力があり、遺産の行き先がはっきり指定されているため、遺される相続人にとっては大変助かります。遺言の作成は、終活や相続対策の中心となるものです。

それに対して、エンディングノートには、法的な強制力がありません。そのため、書いても意味がないと思われがちですが、そんなことはありません。

エンディングノートを書く意味は、大きく3つあります。

---

❶　重要な事項を伝える意味
❷　自分の希望を伝える意味
❸　感謝の気持ち、自分の歩んできた人生を伝える意味

たとえば、奥様の死後、お子様が喪主を務めることになったと想像してみてください。葬儀の費用について、どのくらいの祭壇にすればよいか、どのくらいの棺桶にすればよいか、権利証等の重要書類はどこに保管してあるか、そして一体誰に訃報を知らせればよいか……等々、お子様は即答・即決できるでしょうか。

葬儀の打合せのときは考える時間が十分になかったり、気が動転

していたり、さらに相場もよくわからないことから、葬儀社のオススメ商品を選んでしまいがちです。価格が松・竹・梅と用意されていると「なんだか一番安い価格のものは選べない」という気持ちになるので、ついつい真ん中の価格のもの（竹）を選んでしまいがちです。得てして、葬儀社が最も売りたい商品こそ、その真ん中の価格の商品であることが多いものです。

　もし「棺桶はすぐに焼いてしまうものだから、一番安いものでよい」と考えているのであれば、エンディングノートにしっかりその旨を記入しておきましょう。そうすることで、お子様は迷うことなく商品を選ぶことができますし、身内の顰蹙を買うこともありません。

　また、葬儀のときに親しい友人に知らせてほしくても、お子様は親の友人の住所や電話番号等を案外知らないものですので、エンディングノートに「もしものときに知らせてほしい人リスト」を書いておくとよいでしょう。

　さらにいえば、ご主人より先に奥様が亡くなってしまった場合、はたしてご主人は、奥様の死後に「通帳や権利証等の大事なものはどこにしまってあるのか」「どのような死亡保険に入っているのか」「クレジットカードは何枚あるのか」等、答えられるでしょうか。すべてを奥様任せにしている家庭も少なくありません。奥様が亡くなった後、困り果てるご主人の顔が思い浮かびませんか？

　このように、大切な人が一番悲しんでいるそのときに、多くの決断を迷いながらしなければならないため、自分の最期を迎える準備として介護・医療・葬儀・供養に留まらず、大事なものの置き場所や自分の希望を書き残しておくことには、大きな意味があります。

　エンディングノートでもっとも特徴的なのが、「❸感謝の気持ち、自分の歩んできた人生を伝える意味」です。エンディングノートは、いわば真っ白なキャンバスに自分の思うままに何でも書けることが醍醐味ですので、自分の人生を振り返って自分史や思い出を綴ってみるのもよいでしょう。

④　法的には無意味でも、エンディングノートと付言を書いたほうが良いワケ

学生時代にどのような活動をしていたか、卒業してからはどこに住んで、どのようなことに努力してきたか、またそのときに感じた悔しかったこと、楽しかった思い出等、それを読んだ家族は、思いを馳せて涙を流すかもしれません。なにより、一度立ち止まって自分の人生を振り返ることは、第二の人生においてプラスになるはずです。

遺言とエンディングノートにはそれぞれメリット・デメリットがありますので、両方残すのがベストです。しかし、同時に取りかかるのはハードルが高いでしょうから、まずは気軽に取り組めるエンディングノートから書いてみるのがよいかもしれません。市販のエンディングノートも多数ありますが、大抵はすごくボリュームのあるものとなっており、書ききれず途中で挫折する人も多いものです。最初から最後まで書かずに、自分が必要と思うところだけ書いて、あとは気が乗るところを追加するぐらいの気持ちで、気楽に書くとよいでしょう。

遺言書もエンディングノートも、人知れず書いただけでは死後発見されず、意味をなさないものになってしまうリスクがあります。自分のお世話になっている方、または死後手続きしてくれる方に渡しておくか、保管場所をしっかり伝えておきましょう。

✅ 温かい遺言に変身する「付言」とは

「付言」とは、遺言書の末尾に残すメッセージのことです。

付言には、エンディングノートと同様、法的な効力はありません。しかし、付言があることによって、遺言書は、遺産の行き先だけを書いた堅苦しいものから、温かい遺言書へと変身するのです。

付言の内容は基本的に自由ですが、どうしてこのような内容の遺

言を作成することにしたのかという遺言者の想いや、家族・お世話になった方への感謝の気持ちを伝えることが多いです。付言が書かれてある遺言書と、ない遺言書とでは、その遺言によって遺産を「遺されなかった」あるいは「少なくされた」側の相続人の気持ちがまったく異なるものとなります。

　たとえば、「一切の財産を長男の甲野太郎に相続させる。」とだけ書いてある遺言書をみて、まったく遺されなかった次男・甲野次郎＆長女・乙野花子は、たとえ「もともと相続するつもりがなかった」としても、その遺言書をみて悲しくなってしまうものです。しかし、次のような付言があったらどうでしょうか。

【付言】

　私は生涯をかけ、長男 太郎、次男 次郎、長女 花子を分け隔てなく、愛情をもって育ててきました。3人と一緒に過ごすことができて、私はとても幸せな人生を送ることができました。3人とも、本当にありがとう。この遺言書はこれからの家族のことを私なりに考えて遺しました。

　太郎は、病院の送り迎えや、生活費の支援等、私を心身ともに支えてくれました。とても感謝しています。また、お墓の管理・先祖供養についても任せるため、わずかに残った財産を太郎に相続させたいという想いでこの遺言書を遺しました。

　次郎と花子は、生命保険の受取人に指定していますので、各自保険金を受け取ってください。次郎と花子には生前に生活費・孫の結婚式の費用・自宅の資金等少なくとも各200万円を贈与していますが、太郎へは何も遺してやれていないので、せめて残りの財産については太郎に遺してやりたいと思います。私の意思を皆が理解してくれると信じています。

　私が望むのは、ただ1つ、家族の幸せです。3人がこの遺言を尊重し、必ず納得してくれると信じています。私が亡き後も皆

が円満であることを願っています。

　このような文章が遺言の末尾に書かれていたら、「そうか、お父さん／お母さんはこういう気持ちで財産を太郎に遺したのだな」と納得できそうではありませんか。

　相続人の間では、何が公平・平等なのかということは、実際のところ誰にもわかりません。どちらかというと、誰かが不公平感を感じる遺言になってしまうことのほうが多いでしょう。その不公平感を少しでも和らげることができるのが、付言なのです。

　近年、権利意識の高まりからか、遺留分侵害額請求（4−②参照）を行使するケースが増えています。たしかに、他の相続人からの遺留分行使による遺産争いが起こらないよう、相続人全員に最低でも遺留分を確保する内容の遺言書を書くことが得策であるかもしれません。しかし、その財産は「自分」の財産であって、本来は自由に使い、誰に遺してよいものです。

　この付言を書き残すことにより、遺留分の行使を思い留まる相続人は多いです。ぜひ熱く、そして優しく、遺される方々に付言を記してあげてください。

［図表３−Ｃ］ エンディングノート、遺言書、遺書のまとめ

	エンディングノート	遺言書	遺　書
法的効力	なし	あり	なし
伝える内容・目的	葬儀の方法・供養の方法・余命宣告の考え方等の相続人が迷いがちな死後の具体的な手続きの希望を伝える。自分史等、自分の人生の記録を残しておく。	遺産争いにならないように、遺産を誰に遺すのか指定する。付言で、自由に気持ちを伝えることも可能。	死ぬこと・亡くなることを前提として、自分の気持ちを書いた手紙。
書き方	自由	規定された書き方で書かないと無効になるので注意。公正証書遺言が安心。	自由
書き直し	いつでも可能	いつでも可能	いつでも可能
費　用	数百円〜	・自筆証書遺言：数百円〜 ・公正証書遺言：数万円〜20万円程度（資産に応じて増減）	数百円〜

イギリスでは、遺言は「紳士のたしなみ」

　職業柄、筆者の手元には、相続についてたくさんの資料が集まります。これらをまとめると、日本において「遺言書の作成が必要だ」と思っている人の割合は、およそ6割といったところのようです。そして、そのうち実際に作成している人は、せいぜい2～3％しかいないと思われます。

　「遺言書の大切さは理解してはいるが、作成の一歩が踏み出せない」という、大多数の人々の心情がうかがえます。

　その一方、イギリスでは、高齢者のおよそ8割が、遺言書を作成しているそうです。「遺言は紳士のたしなみ」とされ、「責任ある大人になったら遺言を書くのは当たり前」「遺言を書かないなんて無責任な人間」という考え方が浸透しているのです。

　余談ですが、筆者は32歳のとき、結婚を機に公正証書遺言を作成しました。その内容は、「一切の財産を妻に相続させる。」という、単純なものでした。

　仮に、筆者に子がおらず死亡した場合、妻は筆者の両親と遺産分割協議をしなければなりません。あるいは、筆者に未成年の子が2人いる場合、子それぞれに特別代理人（弁護士等）が立てられ、妻はこれら弁護士等と3名で遺産分割協議をしなければなりません[35]。筆者は、万が一の際、そのような負担を妻にかけたくないので、遺言書を作成した次第で

す。

　若いから遺言は不要、などとということはありません。イギリスのように、紳士はみな遺言書を準備しておくべきなのです。

35　配偶者と未成年者は、利益が相反するため、未成年者それぞれに特別代理人を立てなければ、遺産分割協議ができません。よって、配偶者1人だけで預貯金の払戻しや不動産の名義変更はできません。

Part

4

節税にも使えて相続と相性バツグン！
生命保険を活用しよう

よく、「生命保険が相続税対策に有効」っていうわよね。

生命保険には非課税枠があります。非課税枠内（法定相続人の数×500万円）の生命保険金であれば、相続税が課税されませんからね。

うちは相続人が4人だから、2,000万円が非課税になるのね。

はい。たとえば、現金預金2,000万円を相続した場合、相続税が課税されます。そこで、生命保険に加入して2,000万円を保険料として支払い、生命保険商品に「変身」させることで、この額を非課税にすることが可能です。

それは良いわね！
でも生命保険って色々と種類があって、わかりづらいわよね〜。

④ 節税にも使えて相続と相性バツグン！　生命保険を活用しよう

もちろん、相続税対策に有効な生命保険を選ばないといけません。

相続税の場面における生命保険の活用方法

　生命保険は、大勢の保険契約者や加入者の年齢や性別により死亡率や平均余命を算出して公平に導き出された保険料を負担しあうことで、死亡、病気、ケガ、介護等の「もしもの事態」が発生した場合に、まとまったお金として保険金や共済金が受け取れる金融商品です。

　その他にも、将来の子供の教育資金（大学の学費向けが多いと思われます）や、老後の生活資金等の貯蓄にも活用されています。

　「相続税と生命保険はとても相性が良い」とよくいわれます。以下のような特徴があるためです。

❶　生命保険金には相続税の非課税枠がある
❷　相続税の納税資金として準備しやすい

生命保険の非課税枠の計算

　生命保険には、相続税が課税されない非課税枠（相続税法12条）があります。その計算式は、次の通りです。

① 相続税対策としての生命保険

生命保険の非課税枠の金額＝

500万円×法定相続人の数

　具体例をみてみましょう。

　生前、相続税対策の第一歩として相続税の試算をしたとします。相続財産が6,000万円（うち預金は2,500万円）で、相続人は3名です。そうすると、単純計算で相続税の総額は120万円となります。

　このままでは結構な負担なので、2,500万円の現金預金のうち1,500万円を、一時払い終身保険に加入することで、その保険料として支払います。現金預金1,500万円を生命保険契約1,500万円に変身させてしまうのです（**図表4－A**）。

[図表4－A]　生命保険対策前後の相続税の比較①

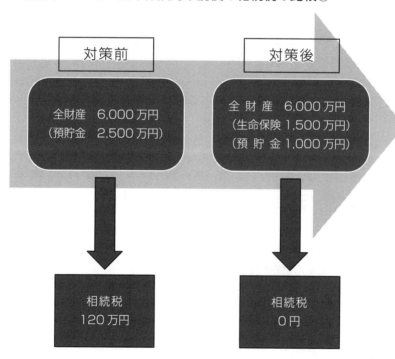

④　節税にも使えて相続と相性バツグン！　生命保険を活用しよう

財産 6,000 万円のうち、1,500 万円は生命保険契約に化けました。相続人は 3 人ですので、生命保険の非課税枠は 1,500 万円（500 万円 × 3 人）となり、受け取った生命保険金は全額非課税となります。よって、相続税の基礎控除のフィルターを通る財産額は 4,500 万円です。一方、相続税の基礎控除額は 4,800 万円（= 3,000 万円 + 600 万円 × 3 名）で、相続財産が基礎控除以下となり、相続税は課税されません。相続財産として遺した金額は同じであるにもかかわらず、財産構成を変更するだけで 120 万円もの相続税を圧縮できたことになります。

[図表 4 − B]　生前保険加入前後における相続税の比較②

	加入前	加入後
財　　産	現預金　2,500 万円 その他　3,500 万円	現預金　1,000 万円 生　保　1,500 万円（非課税） その他　3,500 万円
課税財産	6,000 万円	4,500 万円
相続税額	120 万円	0 万円

　生命保険の非課税枠の活用は、相続税対策にとって大変有効です。ぜひ、生命保険契約を見直して、この「法定相続人 × 500 万円分の生命保険」に加入しておくことをオススメします。

✅ 生命保険の課税

　ただし、これがすべての生命保険契約に当てはまるわけではないので、注意が必要です。相続税対策になると思って加入した生命保険が、実は相続税の対策となってなかったという悲しい事態にならないためにも、契約形態には十分注意が必要です。
　契約形態と課税関係をまとめました（**図表 4 − C**）。

[図表4－C] 　生命保険の契約形態と課税

	被保険者	保険料負担者	受取人	課税される税金
❶	ご主人	ご主人	奥　様	相続税
❷	ご主人	奥　様	奥　様	所得税
❸	ご主人	奥　様	お子様	贈与税

　どの生命保険契約も共通して、被保険者はすべてご主人となっており、ご主人が亡くなった場合には生命保険金が支払われます。しかし、相続税の非課税枠が使えるのは❶の契約形態のみです。❷や❸は課税される税金が異なるので、相続税の非課税枠は使えません。相続税の非課税枠が使える契約形態は、あくまでご主人がご自身を対象とした生命保険契約に加入しており、ご主人が生命保険料を負担して、奥様やお子様が受取人となっている生命保険です。

相続税の納税資金対策としての 生命保険

　繰り返しますが、生命保険金のうち「500万円×法定相続人の数」まで、相続税は課税されません。ですので、受け取った保険金には相続税負担による減額がなく、そのまま手元に残るわけです。この非課税制度を活用して、生命保険による納税資金対策を講じることも大切です。

　相続税の生前節税対策の結果、相続税を0円にすることができれば問題ありませんが、そうでない場合には、相続税の納税資金用のお金を、なんらかの形で用意しなければなりません。

　では、相続税額としてどれくらいの額を用意しておけばよいのでしょうか。

[図表 4 - D]　相続税の申告実績の概要（平成 30 年）[36]

項目	年分等 平成 29 年分	平成 30 年分	前年対比
❶被相続人数（死亡者数）	1,340,397 人	1,362,470 人	101.6%
❷相続税の申告書の提出に係る被相続人数	111,728 人	116,341 人	104.1%
❸課税割合（❷÷❶）	8.3%	8.5%	0.2pt
❹相続税の納税者である相続人数	249,576 人	258,498 人	103.6%
❺課税価格	155,884 億円	162,360 億円	104.2%
❻税　　額	20,185 億円	21,087 億円	104.5%
❼被相続人 1 人当たり課税価格（❺÷❷）	13,952 万円	13,956 万円	100.0%
❽被相続人 1 人当たり税額（❻÷❷）	1,807 万円	1,813 万円	100.3%

（国税庁「統計年報」）

[図表 4 - D] の❼❽をご覧ください。統計によると、被相続人 1 人あたり（1 相続案件あたり）に換算して、遺産額で約 1 億 4,000 万円（❼）、相続税額で 1,800 万円（❽）が平均値となっています。たとえば、この相続税額 1,800 万円をすべて生命保険金でまかなおうとする場合、法定相続人は 4 名必要となります（500 万円 × 4 名 = 2,000 万円）。

ただし、1 相続当たりの相続人数は平均 2.2 人（❹÷❷）ですので、生命保険の非課税枠だけでは相続税を全額まかなうことができないケースのほうが多いかもしれません。

とはいえ、預金で準備しておくよりも相続後の手続きが簡易なこ

36　https://www.nta.go.jp/information/release/kokuzeicho/2019/sozoku_shinkoku/index.htm

①　相続税対策としての生命保険

とも考慮し、納税資金対策として、生命保険は非課税枠（500万円×法定相続人の数）までは加入しておきましょう。

　なお、保険の入り方には、十分ご注意ください。納税資金対策のはずの生命保険の保険金で、資産を目減りさせてしまっては本末転倒です（4−②参照）。

✅ 相続税対策に有効な選び方・加入方法

　生命保険には定期保険と終身保険がありますが、相続税対策に有効なのは、保障が一生涯続く終身保険のほうです。定期保険は、生命保険金が払われる期間が限定されるため、保険料を抑えたい若い世代にこそ向いていますが、相続税対策には不向きです。

　現代は「人生100年時代」です。長生きできることは幸いですが、長寿のご主人のリスクを定期保険でカバーしようとすると、「来年になると受け取る保険金が少なくなるから、今年中になんとか亡くなってもらわないと……」といった、大変おかしな事態になります。

　また、支払方法も、相続財産を一気に生命保険に移すことができる「一時払い終身保険」が使いやすいと思われます。相続税対策は早め早めの実行が理想ですが、筆者の経験上、ご主人が70歳を超えてから対策というケースも、決して珍しくありません。このようなケースでも、一時払い終身保険契約であれば、保険会社や商品によっては告知が簡単で、90歳まで加入が可能といったものもあり、相続税対策に使いやすい生命保険といえます。

4 ② 相続トラブル対策 としての生命保険

生命保険は、相続税節税や納税資金対策として だけでなく、相続トラブル対策としても有効です。 生命保険は「被相続人の相続財産」ではなく、 「相続人の固有の財産」なので、遺産分割協議を 経ずに受け取れるからです。

相続財産？ 固有の財産？

生命保険は、あらかじめ契約時に保険金の受取 人を決定します。そのため、遺産分割協議とは 無関係に保険金を受け取れることを利用して、 相続トラブル対策ができる、ということです。

なるほどね。 まずは、いま私と夫が加入している保険の確認 から始めたほうがよさそうね。

加入目的は明確に、見直しは定期的に

4－①の通り、生命保険は被保険者が誰か、保険料負担者が誰か、受取人が誰かといった、保険契約の内容により、課税関係が異なります。また、生命保険と一口にいっても、リスク対策型の医療保険や死亡保険、貯蓄対策型の学資保険や年金保険等、種類もたくさんあります。保険商品によっては、特約を付すこともできたり、外貨建ての生命保険もあったりします。この生命保険は何のために、どのような理由で加入するのかを明確にしておかないと、後々に「思っていたのと違う、こんなハズじゃなかった」といった不満が生じてしまうことも少なくありません。

また、ご自身を取り巻く環境も年々変化するものです。加入時は万全だった保険内容も、年月が経ち家族構成や収入状況が変わることで、現状には不適格な保険契約内容になってしまうこともあります。

筆者の相続相談の案件でも、相続税額の試算をするため、財産のヒアリングをしていた際、生命保険の保険証券が20枚以上も出てきた方がいました。保険会社もバラバラ、窓口もバラバラで、明らかに無計画な加入を重ねた結果でしたが、ご本人は「相続税対策のために加入している」と、むしろ誇らしげな様子でした。そこで、いざこれら生命保険を整理をしてみたところ、そのおよそ7割は「相続税の非課税枠」が使えない、相続税対策にはならない契約でした（4－①、**図表4－C**参照）。

保険会社のセールストークにのせられるままに、このように不必要な保険への加入を重ねても、保険料をムダにするだけです。保険証券20枚は極端な例ですが、実情にそぐわない保険に加入してしまっているということは、案外よくあるものです。

それを防ぐためにも、定期的な見直しは必要な作業です。毎年契約内容の確認をすることが理想ですが、せめて３年～５年に一度は見直すことをオススメします。

✓ 納税資金の準備に最適

　相続税の納税資金を事前に準備する場合、生命保険ならスマートに手続きできます。保険事故が発生したら（ご主人が亡くなってしまったら）、受取人（奥様）が単独請求できます。請求後通常は５～７日で受取人の口座に振り込まれますので、納税（あるいは葬儀等）で必要なときに、すぐに入手できます。

　一方、納税資金がご主人名義の預金である場合、その口座は凍結されてしまいますので、奥様単独では一定額までしか引き出すことができません（2-③参照）。

　また、生命保険には相続税の非課税枠もあるので（4-①参照）、相続税の納税資金対策としてもってこいといえます。

　とはいえ、奥様には「配偶者の税額軽減」もあるため、奥様ご自身が相続税の納税をする必要はないかもしれません（1-①参照）。

✓ 遺産分割協議の回避による
トラブル予防

　生命保険は、受取人である奥様やお子様の固有の財産となるので、遺産分割協議が不要です。すなわち、ご主人が亡くなってから、「この生命保険金は誰が取得しますか」という話合いが不要ということです。結果として、不要な相続トラブルを避ける効果が期待できます。

遺言代わりになることも

　自筆証書遺言には、形式要件を満たさず無効になるリスク、発見されないリスクがあります（公正証書遺言には、変更のたびに作成費用がかかります（**Part 3**参照）。

　一方、生命保険は、契約時に受取人を指定することができますし、いざ保険事故が発生した際、その地位は誰にも揺るがされません。もちろん、生命保険の受取人は、保険会社で簡単に変更手続ができ、費用もかかりません。

　その意味で、生命保険は遺言の代用となり得ます。

 ## 遺留分侵害額請求の対象とならない

　「遺留分」とは、法律で保障されている一定割合の相続分のことです。相続人の感情や今後の生活を考慮し、法律は、最低限相続できる財産を、遺留分として保障しています。遺言によって遺留分より少額の相続分しか与えられなかった（遺留分を侵害された）相続人は、遺言の効果を覆すことができます。

[図表4－E]　遺留分の割合

法定相続人	遺留分
奥様と子（直系卑属）	ご主人の財産の1/2
奥様と義親（直系尊属）	ご主人の財産の1/2
奥様のみ	ご主人の財産の1/2
子（直系卑属）のみ	ご主人の財産の1/2
義親（直系尊属）のみ	ご主人の財産の1/3
兄弟姉妹	なし[37]

遺留分を侵害するような相続・遺贈がなされた場合、ただちにその相続・遺贈が無効とされるわけではありません。財産を取得した相続人が、他の相続人（遺留分権利者）から遺留分侵害額の請求がなされた際に、その遺留分に相当する金額を支払わなければならなくなります[38]。

　たとえば、相続人は奥様とお子様の2名で、すべての財産が遺言により奥様に渡され、お子様の相続分がゼロだったとします。このケースでも、4分の1（「ご主人の財産の2分の1」の2分の1）は遺留分として、お子様から奥様に対して金銭請求ができます。

　ところが、遺産に生命保険が含まれていた場合には、その生命保険金は「ご主人の財産」には含まれないため、遺留分の対象となりません（ただし、あまりに過度な場合は、問題があります）。

遺留分行使をされたときの支払い資金として活用できる

　たとえば、「一切の財産を妻に相続させる」旨の遺言を用意しても、実際には遺留分が存在するため、お子様や義両親など他の相続人から遺留分侵害額請求がされたときに無視できないのは、先述の通りです。

[37]　なお、兄弟姉妹には遺留分「なし」ということは、相続において大きなポイントです。兄弟姉妹は、遺言によってその相続分をゼロとされた場合、遺留分侵害額の請求ができないのです。

[38]　この際、当事者間の合意があれば、お金の支払いに代えて、他の財産を差し出すこともできます。これを「代物弁済」といいます。

　ただし、代物弁済には譲渡所得が発生し、所得税課税の可能性がある点に注意が必要です。不動産であれば、登記を行うことによる登録免許税や不動産取得税も課税されます。

そのため、全財産を相続する代わりに、遺留分に見合う金銭等を、他の相続人に支払う必要が出てきます。

　この遺留分行使に対する支払準備として、遺言とセットで生命保険を活用することが有効です。

　あるいは、長男が事業後継者であるため、長男に財産のほとんどを渡したいとします。それを聞いた奥様や他の兄弟たちは、「兄ちゃんばっかりズルい」と不満を漏らすかもしれません。その際、事業用財産は渡すことができないけれど、保険金であれば代わりに渡すことができます。奥様や他の兄弟たちにとっても、事業を引き継がないのに事業用財産をもらったところで処分に困りますから、不満にはなりません。

金の仏像の購入で相続税対策!?

　仏壇や仏具、それにお墓や墓地といった「祭祀財産」を相続しても、相続税は課税されません。これらは、後に換金される目的の財産ではない、すなわち換金価値がないもの、と考えられているためです。

　ということは、本来であれば相続税が課税されてしまう資産でも、仏壇等に変身させることで非課税とすることが、理論上はできます。

　まずは、生前から、純金製の仏像等を購入しておきます。そして相続発生後の相続税申告において、日常礼拝の用に供する祭祀財産として申告し、そして後の税務署調査をクリアします。その後、売却して、換金するわけです。

　ただし、このような純金の仏像等の場合は、祭祀財産ではなく「骨董品」として扱われ、課税される可能性が非常に高いといえます。

　また、相続発生後に購入した場合は、祭祀財産として認められません。しばしば、葬儀を終えた直後に、仏壇やお墓の購入を勧める営業の電話がかかってきたり、セールスが訪ねてくることがありますが、これらに応じても相続税対策にはならないのです。

Part

5

相続税対策の基本中の基本、
贈与の活用と注意点

「生前贈与」という言葉を聞くけど、相続と贈与って、そもそもどう違うのかしら？

贈与とは、生きている間に二者間で、財産を「渡す／受け取る」という契約をすることです。相続は、亡くなった方から遺産を承継することです。

どちらがおトクとかあるのかしら？

基本的には、相続税のほうが贈与税より税率が低いです。とはいえ、贈与の仕方によっては、贈与のほうが良いケースもあります。
また、贈与はすぐに実行できて、生前にその効果を確認できる、という大きなメリットがあります。

一概に「どっちが良い」とは言えないわけね。

⑤ 相続税対策の基本中の基本、贈与の活用と注意点

ご自身のケースにあわせた検討が必要ですね。

✅ 相続と贈与の違い

　既に何度も登場してはいますが、死亡を原因とする財産の移転を「相続」といいます。

　これに対し、生きている者どうしの契約による財産の移転を「(生前)贈与」といいます。

　相続と贈与は、財産が移転する際に、

- 財産を渡す側が生きているか亡くなっているか
- 契約が必要か必要でないか

という点で異なっているのです。

　相続は、財産が移転する際、とくに契約を必要としません(むしろ、財産を渡す側(ご主人)が亡くなっているので、契約なんてできません)。

　一方の贈与は、財産を渡す側であるご主人と、受け取る側である奥様(あるいはお子様など)との間で、「渡しますよ」「受け取りますよ」という契約を結ぶことで成立します。言い換えると、この契約がない限り、たとえ名義変更等により移転した財産であっても、税務上は贈与と認められないおそれがあります。

[図表5−A] 相続と贈与

	相　続	贈　与
財産移転	被相続人（死亡） ↓ 相続人（存命）	贈与者（存命） ↓ 受贈者（存命）
契　約	不要	必要

✅ 相続のポイントと注意点

◯ 相続は不動産取得税・登録免許税が優遇されている

　相続は、関連する周辺の税金が優遇されています（**図表5−B**）。

[図表5−B] 周辺の税率の比較

要　因	相　続	贈　与
不動産取得税	非課税	3% （住宅以外の場合は 4%）[39]
登録免許税	0.4%	2%

　ちなみに登録免許税は、司法書士報酬と一緒に支払うことが多いです。また不動産取得税は、ちょっと忘れた頃（大体半年〜1年半後位）に納税通知書が来るため、インパクトがある税金です。

---

[39]　2021年3月までに取得した宅地評価土地（宅地および宅地比準土地）については、価格の2分の1に相当する額に税率を乗じます。

○ 相続税は贈与税より税率が低い

　相続税と贈与税の税率を比較すると、**【図表5－C】**の通り、最上段10％と最下段55％こそ同じですが、途中の税率に大きく開きがあります。相続税のほうが優遇されているのです。

　とはいえ、財産のすべてを一度に移転する相続の税率と、一部分だけを移転する贈与の税率とを単純に比較するだけでは、あまり意味がないかもしれません。

　実際の現場では、相続より贈与で財産移転したほうが、結果的に課税額が低くなった、というケースも多いものです（本節で後述）。

[図表5－C]　相続税率と贈与税率[40]

財産区分	相続税率	贈与税率
200万円以下	10％	10％
400万円以下	10％	15％
600万円以下	10％	20％
1,000万円以下	10％	30％
1,500万円以下	15％	40％
3,000万円以下	15％	45％
4,500万円以下	20％	50％
5,000万円以下	20％	55％
1億円以下	30％	55％
2億円以下	40％	55％
3億円以下	45％	55％
6億円以下	50％	55％
6億円超	55％	55％

---

[40]　なお、贈与税率には、特例贈与税率（祖父母や父母から、子や孫への贈与）と一般贈与税率（夫婦間、未成年の子への贈与など）の2種があり、特例贈与税率のほうが低税率となっています。ここでは、特例贈与税率を記載しています。

○ 相続なら土地について小規模宅地の特例が適用

　相続財産に土地が含まれる場合、相続税額を大きく下げることができる制度として、相続した事業用や居住用の宅地等の価額の特例（小規模宅地等の特例）があります（**図表5-D**）。

　たとえば奥様が、ご主人の生前、ご主人所有の自宅に一緒に住んでおり、その後の相続により奥様がご自宅用土地を取得したケースでは、330㎡までであれば、その評価額を80%カットして相続することができます。

　一方の贈与には、このような特例制度はありません。

［図表5-D］　相続における小規模宅地等の特例

生前の用途	限度面積	減額割合
ご主人の事業用の宅地	400㎡	80%
ご主人の居住用宅地	330㎡	80%
ご主人の貸付事業用の宅地	200㎡	50%

○ 相続税の配偶者の税額軽減＞おしどり贈与

　[1]-①で先述した通り、相続税申告には「配偶者の税額軽減」制度があります。

　一方、贈与税にも、夫婦の間で居住用の不動産を贈与したときの配偶者控除（おしどり贈与）があります。婚姻期間が20年以上のご夫婦で、ご主人が奥様に居住用不動産もしくは居住用不動産を取得するための金銭を贈与した場合に、最高2,000万円（基礎控除を含めると2,110万円）までは贈与税が課税されない、というものです。

　おしどり贈与は、金額の上限が低く、居住用の財産に限られるため、相続税の「配偶者の税額軽減」に比べ見劣りします[41]

○ 相続は（遺言しない限り）意図的に財産を配分できない

　相続の場合、被相続人（ご主人）は、自身の財産を渡す際すでに亡くなっているので、遺言を作成しない限り、自分の意思で「この財産を誰に渡したい」と表明することができません。遺された奥様やお子様が話合いで、どの財産をいくら取得するのか決めることになります。

○ 相続は遺産分割でトラブルになるおそれがある

　ご主人の遺産分けは、遺された奥様やお子様で話し合いながら行うことになりますので、その過程でモメてしまい、相続トラブルに発展するおそれもあります。これが、奥様がご存命中の一次相続（ご主人の相続）であれば、奥様が舵取りする場合が多いのでまだマシですが、二次相続（奥様の相続）ともなると、お子様たちだけで財産分けをしなければならず、トラブルに発展する可能性が大幅に上がります。

 # 贈与のポイントと注意点

○ 贈与なら実行タイミングや金額をコントロールできる

　「税率が低くて、特例もあるのなら、財産は相続で渡そう」と決めても、ご主人はご自身の相続の発生をコントロールすることができません。

41　とはいえ、相続法の改正で、令和元年7月1日より、原則として婚姻期間20年以上の夫婦間での居住用不動産の贈与は、遺産の先渡し（特別受益）として取り扱わなくてもよくなった（奥様はその分、遺産分割で多くの財産を取得することが可能となった）ので、おしどり贈与にも検討の余地はあります。

一方、「贈与で渡そう」と決めた場合には、思い立ったその日にすぐ実行できます。奥様やお子様が「はい、受け取りますよ」と受諾すれば、渡したいと思う相手に渡すことができます。

◯ 贈与で相続トラブル防止

上記とも関連しますが、財産分けを持ち主であるご主人が陣頭指揮をとって行うので、生前に不動産や事業用財産等の分割が難しい財産を渡したい相手に分けておくことができます。それにより、将来の相続発生時には、分けやすい金融資産のみとしておくことにより、不要な遺産相続トラブルを回避することができます。

ただし、適切な遺言が残されていない場合、この生前贈与は「遺産の先渡し」となり、かえってトラブルの原因ともなりますので、注意を要します（おしどり贈与の場合を除きます）。

◯ 贈与税は相続税より税率が高い

先述の通り、相続税率に比べて、贈与にかかる税率は高率です。何も考えずにちょっと不動産を生前贈与してしまうと、とんでもない額の贈与税が課税されるおそれがあります。税理士等の専門家に相談を要することも多く、相談料が別途かかってしまうことも想定されます。

◯ 相続開始前3年以内の贈与は、相続税申告の際に持戻しとなる

細かい話ですが、ご主人が亡くなる3年以内に法定相続人が贈与により財産を取得していた場合には、相続税の計算上、その贈与はなかったものとして、相続税の課税対象になります。

相続税を下げようと思って生前贈与対策をしていても、ご主人が亡くなる3年以内に実行したものは無意味となる、ということです。

この対策として、孫など法定相続人でない人物への贈与を積極的に進めていくことも考えられます。

○ 贈与には「教育資金の一括贈与の非課税措置」がある

　直系卑属の教育にあてる目的であれば、1,500万円までの贈与が非課税となる措置があります。贈与を受ける側が30歳まで、取扱い金融機関の支店を経由して教育資金非課税申告書を提出する、という条件があります。

　この制度を活用すれば、仮に奥様から孫2名・ひ孫1名にそれぞれ1,500万円（計4,500万円）を贈与したとしても、贈与税はかかりません。その分相続財産が減ることになりますので、将来の相続税も節税できます。

　ただし、この贈与金額を教育資金として使い切れなかった場合は、残額分を贈与者（奥様）に戻すか、受贈者が贈与税を納める必要があります。

○ 贈与には「住宅取得等資金の贈与税の非課税措置」がある

　両親等からマイホーム（戸建て、マンション、二世帯住宅）のための資金の贈与を受けたとき（援助されたとき）、一定の金額まで贈与税がかからないという特例があります。

　この特例を受けるためには、次の要件をすべて満たす必要があります（贈与者＝財産を渡す者／受贈者＝財産を受け取る者）。

- ● 贈与者は受贈者の直系尊属[42]
- ● 受贈者は20歳以上（贈与を受けた年の1月1日時点）
- ● 受贈者の合計所得が2,000万円以下
- ● 贈与を受けた全額を住宅取得資金にあてる
- ● 贈与を受けた翌年の3月15日までに住宅を取得・居住

---

[42]　直系尊属……両親・祖父母等の血縁関係のある真っ直ぐ上の世代の人。これに対し、兄弟姉妹や叔父叔母等、共通の祖先から枝分かれした関係が「傍系」です。

- 親族等の身内によって取得・建築した住宅ではない
- 床面積が「50㎡以上 240㎡以下」

[図表 5 － E] 「住宅取得等資金の贈与税の非課税措置」非課税額

契約時期	省エネ住宅等	省エネ住宅等以外
2020 年 4 月〜2021 年 3 月	1,500 万円	1,000 万円
2021 年 4 月〜2021 年 12 月	1,200 万円	700 万円

※ 住宅用の家屋の新築等に係る対価等の額に含まれる消費税等の税率が10％である場合

　子や孫が住宅を建築するようであれば、相続対策の一環として、その資金の贈与を検討するべきでしょう。

✅ 相続と贈与、どっちがよいかの検討

　繰り返しますが、一般的な条件の場合、贈与よりも相続のほうが、納める税額は少なくて済むケースが多いです。

　とはいえ、これもケースバイケースです。

　たとえば、奥様が先に亡くなってしまい、その後 1 億円の資産を有するご主人が亡くなりました。一人息子（唯一の相続人）が相続した場合、相続税額は 1,220 万円です。

　このケースにおいて、もしご主人が生前に 500 万円を、お子様に1 回で贈与（亡くなる 3 年以上前の贈与）していたとすると、**【図表 5 － F】**のようになります。

[図表5－F] あるケース（生前500万円を贈与）

税　目	生前贈与なし	生前贈与あり
贈与税	0万円	48.5万円
相続税	1,220万円	1,070万円
合　計	1,220万円	1,118.5万円

　結果的に、一部財産を生前贈与したほうが、税法上はトクだった、となりました。

　逆に、同様のケースで、もし父が生前に3,000万円を1回で贈与していたとすると、**[図表5－G]** のようになります。

[図表5－G] 別のケース（生前3,000万円を贈与）

税　目	生前贈与なし	生前贈与あり
贈与税	0万円	1,035.5万円
相続税	1,220万円	480.0万円
合　計	1,220万円	1,515.5万円

　このケースでは、生前贈与はせずに、全財産を相続したほうがトクという結果となりました。

　「相続税のほうが贈与税より低率」なのは先述の通りですが、相続税も贈与税も、200万円以下の部分の税率はともに10%で差がありません。そして、贈与税には財産を受け取る人1人当たりにそれぞれ年間110万円までの基礎控除（課税されない部分）がありますので、奥様やお子様だけでなくお孫さんまで活用し、なるべく多人数に暦年贈与で少額ずつを贈与すると、贈与税の負担は逆に小さくなり、有効な相続税対策を実現することができることになります。

一方、生前贈与をすると不利になったケースですが、**［図表5－C］** の通り、贈与税の税率の上り幅が、相続税の税率の上り幅と比べて急であることが原因です。すなわち、相続税も贈与税も税率も最小が10％で最高が55％であることは同じですが、たとえば4,500万円部分に適用される税率は、相続税がたった20％なのに対し、贈与税は倍以上の50％です（親子間の贈与を前提としています）。要するに、1回あたりの贈与金額が大きくなればなるほど、贈与税の税率は加速度的に上昇し、贈与税・相続税を通じて多額の税金が課税されてしまうのです。

　つまり、多額の財産を一気に贈与してしまうと贈与税率が一気に上がってしまい不利になるので、少額の財産を長年にわたって生前贈与することこそ、一番メリットを得られる財産承継方法といえます。

いろいろ検討した結果、子供たちに生前贈与をしようと思うのだけど、どうすればよいのかしら。ただ単純に現金を手渡すだけでもOK？

贈与契約は口約束でも成立しますが、後々のトラブル回避のためにも、贈与契約の証拠として、書面にて贈与契約書をしっかりと残しておいたほうが良いですよ。

後々のトラブルって、たとえばどんなトラブル？

相続税申告後に、税務調査があった場合です。生前贈与が行われると課税対象となる相続財産が減るので、税務署は「これは本当に贈与かな？」と質問をしてきます。その際に契約書がないと、贈与の事実を証明するものがないため、否認されてしまうおそれがあります。

それは困るわね。相続税を追加で払わないといけなくなるということよね。
その「贈与契約書」は、簡単に作れるのかしら？

①いつ、②誰に、③何を、④どのような条件で、⑤どのような方法で、という絶対に盛り込まないといけない5項目に、注意が必要です。

✅ 贈与契約書とは

繰り返すようですが、生きている者どうしの契約による財産の移転を贈与といいます（⑤−①参照）。では、法律的にはどのような行為なのでしょうか。

贈与については、民法549条に記載されています。

> 民法549条　贈与は、当事者の一方が自己の財産を無償で相手方に与える意思を表示し、相手方が受諾をすることによって、その効力を生ずる。

贈与は、一方（ご主人）が意思表示し、相手方（奥様）が合意すれば成立します。贈与の契約成立自体には、贈与契約書の有無は関係ありません。

とはいえ、契約書を作らなくてよいのかというと、そういうわけではありません。理由は、次の2つです。

⑤　相続税対策の基本中の基本、贈与の活用と注意点

✅ 理由1 「相続トラブル予防」

　贈与も契約ですから、場合によっては、贈与したご主人と贈与された奥様やお子様との間で、トラブルになることもあります。そのときに、書面で内容を記していないと、「言った」「言わない」「あげた」「もらってない」と水掛け論になってしまうこともあります。

　贈与契約書として事実をきちんと書面に残しておくことで、このようなトラブルを予防できます。

✅ 理由2 「撤回の防止」

　口約束でも贈与は成立しますが、口約束の贈与は「やっぱりやめた」と撤回することが簡単にできます。民法で、書面によらない贈与は、実際に財産を贈与する前であれば撤回することができるとされているのです（民法550条）。

　贈与契約書を作成してあれば、このような直前での撤回は認められませんので、財産を受けとる側である奥様やお子様を守れることになります。奥様の立場としては、口約束の贈与を、贈与契約書として書面にしてもらうよう求めることで、直前の撤回を防ぐことができるといえます。

② 税務調査で否認されないための贈与契約書

贈与契約書（現金贈与）

贈与契約書

贈与者　鈴木一郎（以下「甲」という）と受贈者　鈴木花子（以下「乙」という）は、本日、以下の通り贈与契約を締結した。

第1条　甲は、金銭200万円を乙に贈与するものとし、乙はこれを承諾した。

第2条　甲は第1条の金銭を令和2年10月31日までに、乙の指定する口座に振り込むものとする。

上記の通り契約が成立したので、これを証するために本契約書2通を作成し、甲乙が各1通を保有するものとする。

令和2年10月1日

贈与者（甲）　住所　愛媛県西予市宇和町卯之町〇番地
　　　　　　　氏名　鈴木一郎　　㊞
受贈者（乙）　住所　愛媛県西予市宇和町卯之町〇番地
　　　　　　　氏名　鈴木花子　　㊞

---

⑤　相続税対策の基本中の基本、贈与の活用と注意点

贈与契約書の形式に、とくに決まりはありません。手書きやパソコン作成でかまいませんし、書式も自由です。

　とはいえ、署名と日付は手書きで記入しておいたほうがよいでしょう。万が一、裁判で争う場合、手書きでないと、本人が記載したのか、もしかしたら一方が勝手に作ったのではないか、という疑義を持たれるおそれがあるためです。

贈与契約書作成時のポイント

　贈与契約書を専門家に依頼せず作成する場合には、次の❶〜❺のポイントを、絶対に盛り込みましょう。

❶　誰が（贈与者）
❷　誰に（受贈者）
❸　いつ（贈与の時期）
❹　何を（贈与の目的物）
❺　どのような方法で贈与するのか

　とくに、贈与の目的物（❹）は、正確に記載しましょう。現金であれば「約400万円」ではなく「398万円」などと、不動産であれば、登記簿上の所在地番等まで、しっかりと記載してください。

　なお、贈与契約書には収入印紙が必要な場合があります。不動産を贈与する場合、200円の収入印紙を貼ります。その他の贈与の場合には、収入印紙は不要です。

　契約書作成に不安がある場合は、専門家に依頼しましょう。

Part

6

認知症に備えるなら任意後見

6 ① 後見は任意後見がオススメ

最近、物忘れが増えてきてしまった気がするわ。自分が認知症になってしまったら、子供たちは大丈夫かしら。

それはご心配ですね。今のうちから対策を立てておいたほうが良いかもしれません。
任意後見契約書の作成は、お考えですか？

任意後見ってなにかしら？

お元気な今のうちから、「認知症になったとき、財産を管理する人」をあらかじめ決めておく制度です。

もし、任意後見契約せず、私が認知症になったなら、私の財産は誰が管理することになるの？

その場合は、必要に応じて「法定後見制度」が利用されることになり、原則として家庭裁判所が選任した人物が財産を管理します。たとえば専門家が選任された場合、この専門家への月々の報酬費用が発生したりします。

そういうことなら、任意後見契約について、家族としっかりと話し合っておいたほうがよさそうね。

法定後見と任意後見──後見の開始

ご主人や奥様に認知症の懸念があるのであれば、成年後見制度の検討が重要です。

成年後見制度とは、認知症・知的障害・精神障害等の理由で判断能力がはっきりしなくなった方の代わりに財産管理をしたり、病院や介護施設の契約を結んだりして、本人の支援をする制度です。

成年後見制度には、大きく分けて「法定後見」制度と「任意後見」契約の2種類があります。2種の大きな違いは、その始まり方にあります。

法定後見は、現時点で実際に物忘れが酷かったり、判断能力が低下していたりすることにより、契約や財産管理ができない場合、家庭裁判所に申し立てることによってスタートします。そのときに後見人に選ばれる候補者を立てることはできますが、原則として裁判所が決定しますので、必ずしも親族が選ばれるとは限りません。財産管理等の難易度が高いと判断されると、専門職である司法書士や弁護士等が選ばれることになります。

これに対して**任意後見**は、「将来もし判断能力が低下した場合」

に、誰を後見人にしてどのように任せるかをあらかじめ決めておき、本人が選んだ後見人になる人と任意後見「契約」を締結します。そして、実際に判断能力が低下した時点で、財産管理等がスタートするというものです。

[図表6 - A]　法定後見と任意後見

成年後見制度	法定後見	すでに認知症や精神障害等のため、すぐに財産管理等が必要
	任意後見	元気なうちに、財産管理する人や内容を決定

　言い換えると、いま元気な人は法定後見を利用できないし、すでに認知症等である人は任意後見を利用できません。任意後見契約は「契約」ですから、契約するための判断能力がなくなってからでは、利用できないのです。

✓ 法定後見と任意後見──制度の利用状況

　法定後見と任意後見の利用者の割合には大きな開きがあり、法定後見が98.8％、任意後見が1.2％というデータがあります[43]。こんなにも任意後見の比率が低い理由としては、そもそも任意後見制度があまり知られていないことや、法定後見の多くは実際に本人の家族が「預貯金が引き出せない」「土地の売却ができない」「遺産分割協議ができない」といった緊急の現実に直面し、やむを得ず利用するケースが多いこと等が考えられます。

---

[43]　厚生労働省、平成29年末時点での調査結果より。

現在の日本は超高齢社会ですから、必要に迫られて法定制度の利用を開始するケースは、今後も増えていくでしょう。

　これに対して、任意後見の利用がきわめて少ないのは、元気なうちに「もし自分が認知症になったら……」と、自主的に備える気持ちになりづらいことが原因かもしれません。任意後見制度を知っているうえで利用しない、という判断であれば問題はありませんが、「知っていたら利用したかったのに」という人が多いのであれば、これは看過できません。

　任意後見は、あらかじめ契約をすることにより認知症等に備えますが、財産管理等がスタートするのは、実際に判断能力が低下して、本人と後見人になる契約をした人（任意後見受任者）が家庭裁判所に申し立て、審判が確定し、「任意後見監督人」（任意後見人がしっかり管理をしているかどうか監督する人）が家庭裁判所により選任されてからです[44]。法定後見においては「監督人」が選任される場合とされない場合があるのに対し、任意後見においては必ず任意後見監督人が選任されます。

　ちなみに、任意後見受任者は、本人の判断能力が低下するまでは、いわば「待機」状態です[45]。本人の判断能力が低下しないまま亡くなったという場合、その出番はありません。

----

[44] [45]　移行型任意後見契約であれば、契約時からすぐに財産管理を任せられます。

任意後見は後見人の権限を カスタマイズできる

　成年後見制度は、本人の財産を守るための制度であるため、本人の資産が減少する可能性のあることは、原則として行うことはできません。つまり、本人のためになることしか行うことができない、ということです。「そんなことはあたり前だ」と思われるかもしれませんが、ここが成年後見制度の一番の問題点です。

　たとえば、親族から「相続税対策をしてほしい」「保険契約をしてほしい」「孫に住宅資金の贈与をしてほしい」等と頼まれたとします。たとえ、本人の判断能力がしっかりしているときにそのような口約束をしていたとしても、本人の判断能力が低下してしまった今、もはや本人が本当にそれを望んでいるのかについては確認ができません。これらの行為は、親族の利益にはなりますが、客観的には本人の財産を減らす行為となるため、原則として行うことができません。

　また、積極的な資産運用や投機的な行為も同じです。資産運用は、資産が上昇すればもちろん本人のためになりますが、100％上手くいく保証などありません。実際に財産が増加するかどうかではなく、本人の財産が減少する可能性のある行為をすること自体に問題があるのです。あくまでも本人の財産を「守る」ことが求められており、積極的に「増やす」ことは求められていないのです。

　ただし、任意後見については「契約」ですので、お互いの合意で任意後見人の権限をカスタマイズすることが可能です。つまり、自分の元気なうちに、自分が必要だと思うことを契約によって決めておくことができ、具体的に管理してほしい財産や、自宅の売ることになった際の希望等を、決めておくこともできます。

　このように、後見人の権限を自由にカスタマイズできることが、

任意後見の最大のメリットです。任意後見は、誰を後見人にし、どういった代理権を与え、どのように財産を管理するのか、判断能力がハッキリしている本人が、自由に決めることができます。

任意後見の注意点

このように、法定後見に比べオススメできる任意後見ですが、次の❶〜❸に注意が必要です。

注意点❶	取消権がない
注意点❷	契約で定めていないことには、代理権がない
注意点❸	公正証書によって作成しなければならない

❶は、法定後見に比べて、大きなデメリットかもしれません。判断能力の低下した本人が、不利な契約をしてしまったり、ダマされて不要な物を買わされたりした際、法定後見の場合は後見人が契約を取り消すことができますが、任意後見の場合は後見人が取り消すことができません。裁判所に訴えて、契約する判断能力がなかったことを立証しなければなりません。

よって、任意後見を利用していて、たとえば本人が認知症や精神疾患の症状で不必要な契約を行う傾向がみられるような場合は、任意後見から法定後見へ移行することを検討したほうが良いでしょう。

❷は、「契約の内容を自分でカスタマイズする」という性質上、契約で定めていないことについては、任意後見人は手を付けることができない、ということです。

想定していない事態により任意後見では不都合が生じるような場合には、任意後見から法定後見へ移行すると良いでしょう。

❸は、任意後見契約書は、公正証書によって作成しなければならないため、多少の手間と、公証役場での費用がかかるということです。費用は次の通りです[46]。

> 【公証役場の手数料】1契約につき 11,000 円（証書の枚数が法務省令で定める枚数の計算方法により 4 枚を超えるときは、超える 1 枚ごとに 250 円加算）
> 【法務局に納める印紙代】2,600 円
> 【法務局への登記嘱託料】1,400 円
> 【書留郵便料】約 540 円
> 【正本謄本の作成手数料】1 枚 250 円×枚数

✅ 任意後見3タイプの選択

任意後見契約には「即効型」「移行型」「将来型」の3種類があります。状況に応じて選択しましょう。

○ 即効型

任意後見契約書の作成と同時に、任意後見が開始するタイプ。

すぐに財産管理等が必要な場合に有効であり、本人の判断能力が軽度に低下している場合、この即効型を選択することができます。

ただし、契約締結時に本人の判断能力が低下している状態であるため、契約そのものが無効とされたり、鑑定に時間を要したりするおそれがあります。

46　費用については、日本公証人連合会ウェブサイトより。

○ 移行型

　任意後見契約書の作成時から、本人の判断能力が低下して任意後見契約が発効されるまでの間は、任意代理を行うタイプ。

　本人の判断能力はしっかりしているものの、身体が不自由で思うように動けず、日常のあらゆる手続き等を代理してほしいという人にオススメです。判断能力があるうちは、代理人にさまざまな手続きを代理してもらい、判断能力が低下した時点で任意後見契約が発効するため、判断能力が低下する前後で切れ目がありません。

　筆者の経験でも、ご本人の判断能力はしっかりしているものの足が悪く、銀行の入出金や郵便物の受取りが不可能なため、すべて姪にお願いしている、という案件がありました。姪がご本人に代わり郵便局へ郵便物を受け取りに行くのですが、毎回必ず「大事な書類ですので、本人でないとお渡しすることができません」と断られるため、その都度、事情を説明しなければならず、とうとう郵便物の受取りとなると気が滅入るようになってしまいました。

　そこで筆者は、ご本人と姪との間で移行型任意後見契約を締結するよう提案しました。契約により受任者となった姪は、郵便物の受取りや銀行の入出金等の手続きを、ご本人に代わり問題なく行うことができるようになりました。

　このように、現時点でさまざまな手続きを代行している人にとって、移行型任意後見契約はすぐに効果があります。本人が認知症となってしまった後も、受任者は引き続き任意後見人として財産管理を続けることができます。

○ 将来型

　任意後見契約書の作成だけして、判断能力の低下に備えるタイプ。

将来型は、本人の判断能力が低下してから任意後見契約が発効するまでの間、移行型のように代理権を設定しないタイプです。よって、現状では日常生活に問題はないが認知症になったときに備えて後見人を決めておきたい、という人にオススメです。

　ただし、文字通り将来のことですから、予定している任意後見人と本人との関係が疎遠になったり、関係が悪化したりして、後見を開始できない可能性もあるかもしれません。

　また、予定している任意後見人が本人の近隣に住んでいない場合、本人の判断能力が低下したとしてもそのことに気付かず、結果として任意後見の開始が遅れてしまうおそれもあります。そのため、なるべく定期的に本人の状態を確認する契約（「見守り契約」。6－②参照）とセットで行う等の工夫も必要です。

6 ② 任意後見を万全にするための「契約セット」

せっかく任意後見契約を締結することになったのですから、生前対策をより万全なものとするために、ほかの生前契約も検討してみましょう。

任意後見契約以外にも、おすすめの生前契約があるのかしら？

はい。これらを一度に、公正証書で作成すると効果的です。

　任意後見契約を行うと決めたのであれば、是非ともセットで検討してほしいのが、次の5つです。

任意後見契約　＋	● **遺言** ● **家族信託契約** ● **見守り契約** ● **尊厳死宣言** ● **死後事務委任契約**

これらは、相続対策・認知症対策において非常に有効な手法ですが、いずれも認知症になってしまっては実行できません。いざ認知症の疑いに直面してから、ご親族が焦ってこれらのご相談に来るケースが多いものですが、残念ながらそうなってしまってからではすでに遅いケースも多々あります。

　任意後見契約を検討している今、まさに元気なときこそ、セットで検討するべきです。（公正証書遺言については **Part** ③を参照。家族信託契約については **Part** ⑦を参照）。

✅ 見守り契約

　見守り契約とは、任意後見が始まるまでの間に、支援する人が定期的に本人と連絡を取ったり訪問したりすることにより、本人の健康状態や生活状況を確認しながら任意後見をスタートさせる時期を判断するための契約です。

　任意後見契約だけを契約しても、いざ判断能力が落ちて、任意後見契約の効果をスタートさせるべきときに、それを後見人が知らないのであれば、契約した意味がありません。そこで、任意後見契約とセットで見守り契約をすることにより、より安心して生活を送ることができます。

✅ 尊厳死宣言

　「尊厳死」とは、回復の見込みのない末期状態の患者に対し、生命維持治療を差し控え、または中止し、人間としての尊厳を保たせつつ死を迎えさせることをいいます。

　尊厳死宣言とは、本人が自らの考えにより延命措置を控え、中止

する宣言をすることです。実行する際は、これを公正証書にします（尊厳死宣言公正証書）。

　近年、過剰な延命治療を打ち切って、自然な死を望む人が多くなってきました。医療の進歩により、患者が植物状態でありながら長年存命する事例がきっかけとなり、単に延命を図る目的だけの治療が、はたして患者のためになっているのか、逆に患者を苦しめ、その尊厳を害しているのではないかという問題提起から、本人の意思を尊重するという考えが重視されるようになりました。そして、単なる死期の引き延ばしを止めることは許されるのではないかと考えられるようになったのです。

　また、医師の視点からすると、延命措置をしないという判断をすることは医師として非常にリスクの高い行為であるため、延命措置を中断しない場合もあり得ます。そのため、医師の免責の観点からも、尊厳死宣言公正証書での作成が重要です。

　日本公証人連合会の初調査によれば、尊厳死宣言公正証書は、平成30年の1月から7月の間で、978件も作成されています。今後さらに増えていくことが予想されます。

✅ 死後事務委任契約

　死後事務委任契約とは、主に葬儀や埋葬に関する事務を委託する契約のことです。

　本人（委任者）が、受任者に対し、自己の死後の葬儀や埋葬等に関する事務についての代理権を付与して、自己の死後の事務を委託する委任契約です。

死後事務の内容例

- 医療費の支払いに関する事務
- 家賃・地代・管理費等の支払いと敷金・保証金等の支払いに関する事務
- 老人ホーム等の施設利用料の支払いと入居一時金等の受領に関する事務
- 通夜、告別式、火葬、納骨、埋葬に関する事務
- 菩提寺の選定、墓石建立に関する事務
- 永代供養に関する事務
- 相続財産管理人の選任申立手続に関する事務
- 賃借建物明渡しに関する事務
- 行政官庁等への諸届け事務
- 以上のような各事務にまつわる費用の支払い

　最後の自己表現として葬儀の内容を具体的に指定したり、散骨を埋葬の方式として指定したりする場合には、遺言者が生前に、遺される方々に対して希望をお伝えしたうえで、実際に葬儀を行う方との話合いや準備をしておくことが大切です。

　遺言者の希望する葬儀が確実に行われるようにするために、遺言で祭祀の主宰者を指定することも必要になりますし、遺言執行者を指定して、その遺言執行者との死後事務委任契約を締結する方法も考えられます。

　任意後見契約にプラスして、これらをセットで準備しておくことによって、身上監護と財産管理を万全なものとし、死後の相続、遺産の管理または処分、祭祀の承継などでトラブルが生じないようにすることができます。上記のうち、ご自身に必要だと思われるものから検討しましょう。

養子が増えると相続税が安くなる？

　「養子が増えると相続税が安くなる」と、耳にしたことはありませんか。

　養子縁組は、実の親子関係にはない人物との間に、親子関係を設定する法的制度です。養子には、実子と同様、財産相続や祖先祭祀の権利・義務が発生します（本書では、特別養子縁組については割愛します）。

　法律上、養子の数に制限はありませんので、何人でも養子縁組してよいのですが、相続税の計算上は、実子がいない場合は2人まで、実子がいる場合は養子1人まで、法定相続人とすることができます。相続税申告の際、養子が1名なら600万円、2名なら1,200万円を、税額から控除できることになります（□1−①参照）。

　この他、生命保険金の非課税（500万円×法定相続人の数）や、死亡退職金の非課税制度（500万円×法定相続人の数）上も、同様の取扱いがされます。

　養子が節税になるといわれるのは、このためです（ただし、相続税の節税だけを目的とした養子縁組は、税務上認められないこともあります）。

　このように税務上メリットのある養子縁組ですが、実子と養子は同様の相続権を持つことになりますので、これが原因でモメてしまうことがあります。

たとえば、実子である兄と、その妹の夫である婿養子がいるとします。このケースで、両親がともに死亡した相続では、兄・妹・妹の婿養子の３名が、３分の１ずつの相続分をもちます。はたして兄は、婿養子が自分と同じ相続分を有していることに、納得するでしょうか。

　あるいは、奥様の長男が若くして亡くなっており、その後、長年にわたり奥様の介護を献身的にしてきた「長男の嫁」と、養子縁組をしていたとします。このケースも、奥様の相続が発生した際、奥様の実子（次男等）と養子（長男の嫁）との間で、遺産分割協議が難航するおそれがあります。

　相続税対策になるからと養子縁組をしたところ、相続自体がモメてしまっては、元も子もありません。

家族の家族による家族のための財産管理！ 家族信託

7 ① 「家族信託」による認知症対策

最近、体力の衰えをとくに感じるようになったの。いろいろなことを自力でできなくなったり、認知症になったりしたときのことを考えると、とても不安だわ。

認知症患者の保有資産管理は、社会問題にもなっていますからね。今から対策をしておいたほうがよいですよ。

でも、私が認知症になったとしても、子供や後見人が代わりになってくれるんじゃないかしら。

認知症になってとくに困るのが、「不動産の売却ができない」ということです。
認知症の母が介護施設に入るとき、実家を売却して費用を捻出したいのに売却できない、というケースが多いです。とはいえ、不動産売却のためだけに法定後見制度を利用するのは、費用も時間もかかり、オススメできません。

私の施設費用のためなのに、私の家を売れないなんて、大変だわ！

そのような事態にならないためには、お元気な
うちから、「家族信託」を活用して、売却の準備
をしておくことです。

✅ 家族信託とは？

家族信託[47] とは、自分の財産の管理・処分を家族に任せる仕組
みです。いわば、「家族の家族による家族のための信託（財産管
理）」といえます。「民事信託」という場合もあります。

投資信託のように、資産運用のプロにお金を預ける信託（商事信
託）とは異なり、「プロではない家族」に資産を預ける信託です。
家族に預けるので、報酬をなしとすることもできます。とくに、管
理が継続的に必要な不動産や、売却が必要な不動産をお持ちという
人に、大きなメリットがある制度でしょう（不動産だけでなく、現
金、株式ほか、さまざまな財産を信託することができます）。

家族信託は、委託者・受託者・受益者という3者で成り立ってい
ます。委託者（財産を持っている人）が、受託者（信じて託す相
手。財産を預かり、管理・運用・処分する人）に財産を託します。
受託者は、受益者（財産から利益を得る人）のために、財産の管
理・運用・処分を行います。家族信託の最大の特徴は、委託者から
受託者に名義が移転するところにあります。

---

[47] 家族信託は、一般社団法人家族信託普及協会の登録商標です。
https://kazokushintaku.org/registered_trademark/

委託者

　「委託者」は、託したい財産を信託財産として受託者に託します。今後の財産の管理・処分に不安があり、信頼できる人に財産を託したい人が、家族信託を行う委託者となります。

受託者

　「受託者」は、委託者との信託契約に従って、受益者のために管理・運用・処分をします。信託事務を行うこと、自分の財産と分別して管理すること、帳簿作成・報告等の義務が生じます。受託者は、家族の中でもしっかりと財産管理ができ、委託者の想いを理解して、長期にわたって財産管理ができる人が望ましいです。受託者になる人は、必ずしも家族でなければならないわけではなく、信頼に足る人でさえあれば、他の誰かでもかまいません。
　受託者を誰とするかが、家族信託において一番重要なポイントです。
　万が一、受託者が、管理している財産を自分のために使い込んでしまったら、もちろん契約違反ですし、場合によっては業務上横領罪に問われます。そのようなことが起きないよう、専門家を「受託者監督人」という役職に据えて、受託者を監視する仕組みにすることも可能です。

 ## 受益者

　「受益者」は、受託者が行う財産の管理・運用・処分で生じる利

益を得ることができる人です。

　たとえば、高齢者、認知症の配偶者、障害を持つ子等が受益者となることが多いでしょう。

　家族信託により、面倒な管理をお子様に任せて、奥様は隠居生活ができるようにすることもできます（**図表７−A**）。

[図表７−A]　自益信託

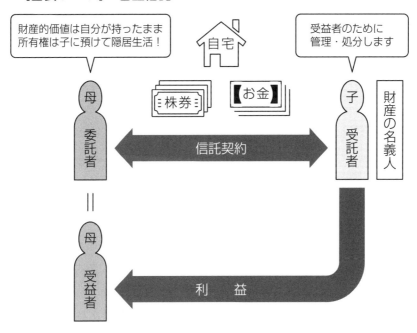

　実務上、ほとんどの家族信託は「委託者＝受益者」で契約されているといえます（「自益信託」といいます）。本書でも、自益信託を中心に解説していきます。

　なお、委託者・受託者・受益者の他にも、必要に応じて「信託監督人」（受託者を監督する者）や「受益者代理人」（受益者のために受益者の権利を行使する者）等を定めることもできます。

✅ 母が認知症で実家が売れない！

　標題のような相談を受けることが、よくあります。高齢になるにつれ、認知症や病気による介護・入院費用がかさむことから、認知症の母が所有している不動産を売却してこれら費用にあてたい、という相談が増えがちです。

　しかし、いくら母のためといっても、母が所有している不動産は、母の売却意思が確認できない限り、代理で売却等の手続きをすることは不可能です。

　このようなとき、「私は母を介護していて、印鑑も通帳もすべて管理している！」などと感情的になってしまう人もいたりしますが、不動産取引においては、司法書士からストップをかけられます。登記の際、取引の安全のため、売主の本人確認と意思確認が行われ、仮に売主である母が認知症で意思確認ができないということであれば、取引中止になるのです[48]。

　このような事態にならないように、お元気なうちから「将来的に自分が認知症になった場合、自分の代わりに実家など不動産を売却して、介護施設の入居費用にあてる」ことを、子供に信託しておくことが有効です。信託契約書にて、このような約束を確実に実行させていくことを取り決め、不動産の所有権を子供（受託者）に移しておきます。

　そうすることで、実際の不動産取引において、母（委託者）の本人確認と意思確認が不要となり、子供（受託者）の本人確認と意思

---

[48]　本人の意思確認ができないにもかかわらず行われた売買契約は、無効となります。

確認にて売却できるようになります。司法書士にストップをかけられなくなるのです。

子供（受託者）が受け取った売却代金は、受託者が管理することになります。受託者は、税務署に提出する調書や明細書の作成等、さまざまな手続きも行うことになります。

受託者は実子だけではなく、甥・姪、法人などにすることも考えられます。とにかく、信頼できる相手に依頼することが重要です。

✅ 家族信託で詐欺被害を予防

信託した財産について、奥様（委託者）には新たに契約等をする権限がなくなります。

このため、奥様が認知症等のため判断能力が低下してしまったとしても、詐欺などで財産をダマしとられるおそれがなくなります。これも家族信託の大きなメリットです。

✅ 家族信託と遺言の比較

遺言は、死亡してから効力が発生するものです。一方、家族信託は、契約した時点で、すぐに効力が発生します。

たとえば、花子が一郎に自宅を相続させる旨、遺言として遺したとします。この場合、自宅は花子が死亡するまで花子名義のままであり、その死亡後にはじめて所有権が一郎に移転します。

死亡後に完全な所有権を一郎に移転させることができる点は、家族信託も同様です。花子の死亡を原因として信託を終了し、最終的

な自宅の権利帰属者として一郎と定めて契約しておくことにより、遺言と同じ効果を持たせることができます。

　そして、大きく異なってくるのが、花子が存命中に認知症を発症したケースです。遺言の場合、自宅はあくまで花子が死亡するまで花子の所有物であり、売却できませんが、家族信託であれば先述の通り、名義は一郎にあるため、一郎は「母のため」適切なタイミングで自宅を売却することができ、花子の老後の資金や、施設の入居費用にあてることができます。

　さらに家族信託は、当初の受益者が死亡したら次は孫に、その次は……というように、あらかじめ受益権の承継先を決めておくことができます。つまり、信託した財産について遺言以上に、数世代にわたって財産承継の効果を持たせることもできます（指定できる年数には制限があります）。

家族信託と贈与の比較

　贈与した財産は、完全に自分のものでなくなります。一方、家族信託においては、あくまで一郎（受託者）に管理・処分を任せているだけであり、その名義は一郎であっても、実質的な所有者は花子（受益者）である、という違いがあります。
　一郎が、贈与された自宅を売却した場合、その売却益は当然、一郎が自由に使用することができます。一方、信託された自宅を売却した場合、その売却益は花子のために管理しなければなりません。

　また、贈与は「贈与します」「贈与を受けます」という互いの契約が必要ですが、家族信託は、相手方（受益者）にその事実を伝え

ずに実行することができます。

　たとえば、子に財産を贈与することを検討していますが、その子はまだ幼いため、現時点で多額の資産を贈与することをためらっているとします。この場合に、家族信託を利用して、信託契約を奥様（委託者）と第三者（受託者）との間で締結し、「子（受益者）に対してその通知をしない。」という旨を定めることで、子は自らが受益者となった事実を知らないまま、財産を贈与した場合と実質的に変わらない効果を得ることができます[49]。

家族信託と贈与税・不動産取得税

　贈与によって不動産の所有権を子に移す場合、子に贈与税と不動産取得税が発生します。

　一方、**【図表７－A】**の自益信託のように、家族信託を活用して子供（受託者）に不動産を託す場合、これらは非課税となります。さらに、所有権移転登記の際に納める登録免許税も、通常の５分の１以下です。

家族信託と後見制度の比較

　家族信託と成年後見制度（**6－①**参照）は、認知症や障害者等の判断能力が低下した「本人のため」に財産を管理することができる

---

[49]　ただし、この方法は、受益者が変更され実質的に贈与を受けたものとされるため、受益者に贈与税が課税されます。子が幼い場合には、保護者が子に代わって贈与税の申告をする必要があります。

という点では、どちらも同じ機能を有しています。

　ただし、成年後見制度では家庭裁判所の監督下に置かれるため、毎年家庭裁判所に報告義務があり、また財産を積極的に運用することもできません。資産が減る可能性のある投資もすることができませんし、相続対策を行うこともできません。しかも、法定後見の場合は、自宅を売却する際にも、家庭裁判所の許可を得なければなりません。

　一方、家族信託は、委託者と受託者との自由な契約によって開始されるため、相続対策を含めた積極的な運用が可能です。ただし、家族信託は、「財産管理」の契約であるため、受託者が後見制度のような「身上監護」（下記）を行うことができない点に注意が必要です。

家族信託では実現できない「身上監護」の例

- 病院に関する手続き
- 介護保険に関する手続き
- 介護施設等の入所や施設退所に関する手続き
- 住居の確保に関する手続き
- 医療に関する手続き
- 障害福祉サービスの利用に関する手続き
- 本人の生活環境に変化がないか、定期的な本人確認等

　これらを視野に入れる場合は、後見制度を利用することも考えられます。

　とはいえ、受託者が家族の一員であるならば、受託者としてではなく家族としてであれば入院手続や施設入所手続を行うことができるでしょうから、実際に問題になるケースは少ないかもしれません。

家族信託なら、状況が変わっても　臨機応変に対応可能！

　家族信託のすごいところは、たとえ委託者が認知症になったり、死亡したりして状況が変化したとしても、財産管理を任されている受託者は、何ら変わらず「受益者のために」管理を続けていくことができるところです。相続手続もすることなく、「第二次受益者のために」受託者が引き続き管理を続けることも可能です。

　まとめると、家族信託は、信託した財産について、「代理契約と後見制度（の財産管理の部分）と遺言」の効果を、すべて兼ね備えているといえます。

　ここで紹介した内容は、家族信託が実現可能な効果のごく一部です。家族信託は、相続の常識にとらわれない「想いに即した」資産承継・管理・処分を実現するものです。家族のあり方が多様化している現代において、この家族信託を用いることで救われる奥様も、多いのではないでしょうか。

家族信託の概要がわかったところで、とくに活用が有効なケースをご紹介します。
認知症対策だけでなく、たとえば障害のあるお子様へのサポートにも有効です。

自由に設計できるからこそ、さまざまな家庭の事情に対応できるのね。

あわせて、家族信託を実行する際の流れも見ていきましょう。

　家族信託は、かなり複雑に設計することもできますが、本書では、よく利用されるわかりやすいケースを紹介します。

家族信託を活用したいケース(1) 預貯金の管理

「母のために、母の預貯金を使いたいのに……」となりがちなのが、金融機関窓口での預金の引出しです。

本人の代わりに預金が引き出せない問題については、2－③の通りで、原則として預貯金の名義人本人でなければ払い戻すことができません。キャッシュカードで引き出すことはできるでしょうが、定期預金等で窓口対応が必要な際、「認知症の母の代わりに来ました」と主張したところで、通用しません。

このようなケースにも、家族信託なら対応できます。たとえば、母と子で信託契約を締結し、子名義の信託口口座（しんたくぐちこうざ）を作成し、この口座の中に母の預貯金[50]を移しておくのです。こうすることにより、母が認知症になった際は、母のお金を、母のために、子が使うことができるようになります。

家族信託を活用したいケース(2) 自社株の議決権

さらに家族信託は、事業承継の場面でも、大きな力を発揮します。

自社株を所有する株主が認知症となった場合、議決権を行使できなくなります（株主総会で決議できない）。

---

[50] 預貯金については、基本的にどの金融機関にも債権譲渡禁止特約があるため、信託契約書の中では「預貯金」とは記載せずに、「現金」と記載するのが一般的です。

そこで、自社株を後継者に信託しておくことによって、株主としての議決権行使を任せることができます。もし、後になってその後継者に不満があった場合は、自分の意思だけで株式を取り返すこともできます。通常であれば、自社株を「自分で持っておく」または「後継者に譲渡する」の2択であるところ、贈与税を負担することなく、その中間を取れるようになるのです。

✔️ 家族信託を活用したいケース⑶ 収益不動産の管理

　たとえば、月に100万円の賃料が入る賃貸マンション（収益不動産）を所有している甲野花子が認知症になった場合、このマンションの売却はおろか、新規の入居希望者との手続きや、管理・修繕すら、行うことができなくなってしまいます。繰返しになりますが、認知症になってしまうと「契約」ができなくなるため、売買契約・賃貸借契約等のあらゆる行為ができず、財産凍結状態となります。
　このリスクを回避するため、甲野花子が元気なうちに、次のような信託契約をしておくのです。

委託者：甲野花子
受託者：甲野一郎（子）
受益者：甲野花子

　これにより、万が一、花子が認知症になって介護施設に入所することになっても、一郎がマンションを管理することができますし、売却益を介護施設の入所費用にあてることもできます。さらに、収益である毎月100万円の賃料を、花子のために管理してもらうことができます。
　結果、花子は自ら何かをする必要はなくなり、マンションの収益

を一郎から受け取るだけの隠居生活が実現できます。

　また、花子が死亡した場合も、所有権の登記名義が「受託者　甲野一郎」になっているため、このマンションについては相続手続を行う必要はありません。花子の死後は、契約で定めた通りに手続きを進めることになります。

✔ 家族信託を活用したいケース⑷ 障害のある子の生活サポート

　ケース⑶の応用編です。甲野花子が毎月100万円の家賃収入が得られる賃貸マンションを所有しているとします。花子には、一郎と二郎（障害者）という子がいます。花子は、自分なき後の二郎の生活をとても心配しているとします。

　そこで花子は、家族信託を活用することを思い立ちます。一郎を受託者とし、花子を第一の受益者、花子の死後は二郎を第二の受益者（第二次受益者）とする信託契約を締結するのです。

　花子が健在なうちは、**ケース⑶**同様、一郎がマンションとその収益を、花子のために管理します。将来的に花子が死亡したら、マンションとその収益を、今度は二郎のために管理します。

　この間、受託者である一郎はずっとタダ働きかというと、決してそうではありません。信託契約において、「受託者の報酬は月3万円とする。」などと受託者報酬を定めておくことで、花子は一郎にも報いることができます。

家族信託の手続き

　家族信託は、大まかに分けて、㈠信託契約書の作成、㈡信託口口座の作成、㈢信託の登記、㈣信託の税務、の４つの手続きがあります。各専門家に信託チームを組んでもらい、一緒に進めていくとよいでしょう。

　一般的に㈠信託契約書は、司法書士・行政書士・弁護士のいずれかが作成し、㈢信託登記は司法書士、㈣税務は税理士が担当します。

　㈡信託口口座については、作成できない金融機関もまだまだ多いです。各事案ごとに審議して、信託口口座を認めるかどうかを決める金融機関もあります。あるいは、信託契約書を公正証書で作成していることを、開設の条件の一つとする金融機関もあります。

　手続きの流れとしては、次の通りです。

- ● 各専門家との面談
  ⇩
- ● 信託契約書案の作成
  ⇩
- ● 当事者全員の合意
  ⇩
- ● 信託契約の締結（家族信託の開始）
  ⇩
- ● 信託口口座の開設（金銭の管理が必要な場合）
- ● 所有権移転及び信託の登記（不動産がある場合）

- 株主名簿の書換え（株式がある場合）[51]
- その他、各種名義変更手続

　家族信託は、綿密な打合せと契約により実現する、すべてオーダーメイドな手法です。実現できる自由度が高い反面、実現には労力が伴います。インターネット上にあるような定型の契約書そのまま、というわけにはいきません。

---

[51] 譲渡制限株式の場合は、会社の譲渡承認決議が必要。

ちなみに、家族信託を活用すると、節税になったりすのかしら？

家族信託（自益信託）の設定時には、とくに課税関係は生じませんので、節税にはなりません。とはいえ、たとえば、受益権が移転した場合には、課税関係の問題が生じてきます。

受益権の移転？

受益者が別の人物に変更となった場合です。これが売買であれば所得税、無償であれば贈与税、相続であれば相続税が課されます。
税金面も考慮すれば、家族信託は万全です。

✔ 家族信託と贈与税

奥様が「委託者」兼「受益者」、お子様が「受託者」となる家族信託契約が成立すると、管理処分権（形式的な所有権）はお子様に移転しますが、信託財産の実質的な所有者は受益者である奥様のままなので、この段階では贈与税は課税されません。

したがって、この家族信託には贈与税がかからない、ということになります。

仮にこの後、無償にて受益者が別の誰かに代わるようなことがあれば、贈与税が課税されることになります。

なお、この家族信託を利用したとしても、「おしどり贈与」「相続時精算課税制度」「小規模宅地等の特例」「マイホームを売ったときの譲渡所得税の特例」等の各種特例が適用できる点も、ポイントです。

✔ 家族信託と相続税

7-②の**ケース(4)**のように、奥様が健在であるうちは奥様が「委託者」兼「受益者」となり、奥様なき後は受益者が別の人に移るパターンの家族信託では、相続をきっかけとして受益権を取得した人（実質的な所有者）に、相続税が課されます。

✔ 家族信託と登録免許税・固定資産税

不動産を信託財産にする場合には、委託者から受託者への名義変

更（登記）を行う必要があり、その際に登録免許税[52]がかかります。

また、名義変更の結果、受託者が信託財産の管理費用から固定資産税を支払うことになります。

✔ 家族信託と所得税、法人税、譲渡所得税、不動産取得税

受託者が信託財産を売却した場合、受益者に対して所得税や法人税、譲渡所得税等が課税されます（受益者が自然人の場合は所得税、法人の場合は法人税、といった具合です）。実際に売却手続をした受託者に課税されるわけではない点に、注意が必要です。

また、収益不動産を信託財産とする場合には、毎年の収益にかかる不動産所得について、受益者が所得税の申告をすることになります。この際に注意が必要なのが、「損益通算ができなくなる」というデメリットです。信託の受益者については、たとえ信託不動産から損失が生じても、所得税の計算においてはその損失は生じなかったものとみなされる規定があります（租税特別措置法41条の4の2）。通常であれば、不動産所得のマイナスは、他の事業所得や譲渡所得と相殺することができますが、信託不動産の場合には相殺できません。さらに、純損失の繰越控除もできません。

なお、収益不動産を信託したことで、年間3万円以上の収入がある場合は、信託計算書や信託計算書合計表を税務署に提出しなけれ

---

[52] 土地については固定資産税評価額の0.3%、建物については固定資産税評価額の0.4%。

ばなりません。また、不動産所得用の明細書の他に、信託財産に関する明細書を別途作成し、添付しなければなりません。

　このように、収益不動産の信託は税務上の負担が大きいので、税理士にまとめて依頼するほうがよいでしょう。

家族信託の専門家報酬

　税金ではありませんが、実行する際に発生する費用として、専門家への報酬についても押さえておきましょう。

　先述の通り、家族信託の手続きはすべての案件がオーダーメイドであることから、専門家の役割が重要です。そのため、その報酬（費用）も高額になりがちです。

　一概には言えませんが、筆者の知る範囲では、たとえば「財産額の●％」「信託契約書作成 30 万円～」「所有権移転及び信託の登記申請 10 万円～」というように、報酬金額を定めている専門家が多いように感じます。

相続登記をしないで放置するとどうなるか

「親が亡くなりましたが、お金をかけてまで相続登記をするメリットが感じられません。相続登記して何かメリットありますか？」

このような相談をよく受けます。

率直にいって、相続登記をしてメリットを感じる機会は、ほとんどないと思います。しかも、相続税申告と違って「○か月以内にしないといけない」というような時間的制限もありませんし、登記をしないことの罰則もありません[53]。

しかし、子・孫の代になって相続登記がされていないことが発覚したときには、大変な労力と費用をかけて相続登記を行うことになります。いざ相続手続をしようとすると、兄弟姉妹の子供や妻にまで相続権が発生し、全員の実印と印鑑証明書を集めなければなりません。そのときに1人でも反対の者がいると手続きはできません（筆者の過去最多は32人でした）。相続人の中に会ったこともない人がいることも珍しくありません。さらに、相続人の中に1人でも認知症や行方不明者がいれば、手続きはさらに難航します。

---

[53] ただし、本稿執筆現在、罰則も視野に、相続登記を義務化する改正案が法制審議会により審議されています。

「共有名義にしておけば良いじゃないか」という人もいますが、絶対にオススメできません。我々の業界は「共有は共・憂」というシャレもあるほどで、共有名義にしてしまうと、後々に火種を残すことになります。共有名義にした当の本人が生きているうちは問題なくても、遺された子供たちはたまったものではありません。なぜなら、そのそれぞれの持分をさらに孫が法定相続の登記をした場合には、大変なことになります。たとえば、1つの土地について10分の1ずつの持分を持ち合ったとしても、その土地は売ることも担保に入れることも至難の業であるし、使い物にならなくなることは容易に想像できるでしょう。一度共有になった不動産を1人の単独名義に集めるには、非常に多くの手間と費用がかかります。

　登記が自分の名義になっていることが必須になるケースは、大きく分けて3つです。

ケース❶	売却する場合
ケース❷	住宅を建てて銀行から融資を受ける場合
ケース❸	収用の場合

　これらの場合、相続登記をせずにショートカットして手続きを進めることは不可能です。❶～❸の手続きをしたいときに、先代名義のまま相続登記が行われていないために手続きができないことは、実務上よくあります。いとこや叔父・叔母全員に実印と印鑑証明書をもらわないと手続きができないのです。

　これは、長年にわたって自分が固定資産税を納めていても同じです。固定資産税を負担しているからといって、権利上自分のものになるわけではありません。権利上は、相続人全

員の共有状態となっています。

　そのほか、その不動産においてなんらかの許認可を申請する前提として、相続登記の完了が条件となることが、よくあります。

　冒頭の「なぜ相続登記をする必要があるのか」という質問に対して、筆者はいつも「自分の子や孫に迷惑をかけないためです」と回答しています。つまり、登記をしなかったことの大きなデメリットを感じるのは、あなたではなく[54]、あなたの子や孫なのです。

　必要性を感じないため、費用をかけてまで相続登記を行わない人は多くいます。ただ、以上のような事情によって子孫が困ってしまうことが社会問題となっているのも事実ですので、相続登記はトラブル防止のために速やかに行っておきましょう。

[54]　相続法の改正で、令和元年7月1日より、遺言により法定相続分より多くの持分を取得した相続人は、遺言書による相続登記をしておかない限り、第三者にその事実を主張できないようになっていますので、あなた自身にとっても相続登記の重要性が高まってはいます。

いざというときのために
知っておきたい「正しい」相続放棄

突然ですが、問題です。
「私は遺産について何もいらないので、相続放棄をします」と言って、書類に実印を押印して印鑑証明書を渡しました。
さて、これは相続放棄をしたといえるでしょうか。

相続放棄をすることの証明として、実印を押したのだから、相続放棄をしたことになるんじゃないの?

実は、これは相続放棄したとはいえず、"遺産分割"をしたことになり、あくまで「プラスの財産はいらない」という合意をしたことにしかなりません。
つまり、実は故人の借金が後日判明した場合、たとえ遺産を受け取っていなくても、この借金の債務は引き継ぐことになってしまうのです。

え〜!?　恐ろしい話ね。
それなら、どうするのが、遺産も借金もまったく引き継がない「相続放棄」になるの?

相続があったことを知ったときから3か月以内に、家庭裁判所に対して相続放棄の申述を行い、正式に受理されることで、はじめて「相続放棄をした」ことになります。

そうなのね。
この違いを知らないと、場合によっては大変なことになっちゃうかもね。

相続放棄は誤解が多い

　筆者の経験上、とくに相続放棄については、誤った認識の人が多いです。

　たとえば、夫Aが亡くなり、相続人が妻Bと子Cであるとします。このとき、妻Bの立場の人が「子Cと話合いの結果、私は書類に実印を押して、相続放棄をしました」と言うことがあります。

　しかし、妻Bの発言内容は、単に遺産分割協議で「プラスの財産はいりません」という合意をしただけに過ぎず、相続放棄ではありません。多くの人が、妻Bと同様の勘違いをしています。

　あくまで「プラス財産を自主的に受け取らなかった」ということですので、もし、夫Aに多額の借金（マイナスの財産）があることが発覚した場合は、妻Bや子Cが自動的に引き継ぐことになります。相続人全員の話合いにより「夫Aが残した借金返済の義務は、すべて子Cが負う」旨の合意をすることはできますが、この合意も相続人の間では有効なものの、債権者に対しては主張できません。債権者は、相続人全員に対して、借金の返済を請求する

ことができます。よって、妻Bにとっては、プラスの財産は一切受け取らず、マイナスの財産だけを子Cと平等に相続するという事態になってしまいます（債権者が、「夫Aが遺した借金返済の義務は、すべて子Cが負う」旨の合意について承諾することによって、妻Bはようやく借金返済の義務を免れることができます）。

相続放棄の手続き

正しい意味での相続放棄とは、家庭裁判所に対して相続放棄申述書を提出して、正式に受理してもらうことをいいます。この手続きは、自分に相続があったことを知ったときから3か月以内に行わなければなりません。

相続放棄の手続きは、他の相続人が関わることなく、1人だけで行うことができます。手続きにより、はじめから相続人ではなかったことになり、プラスの財産もマイナスの財産（借金）も、一切相続しないことになるのです。

相続放棄をすると、遺産分割協議をして印鑑を押すこともなくなります。というよりも、法律上相続人ではなくなるので、そもそも遺産分割協議に参加すること自体ができなくなります。

なお、相続放棄という行為が、戸籍等に記録として残ることはありません。

相続財産に手を付けた場合は
放棄が無効に

相続放棄をする場合に注意しなければならないのは、相続財産には一切、手を付けてはいけない、ということです。

なぜなら、相続財産に手を付けたということは、「相続人であることを認めた」行為に他ならないからです（「単純承認」といいます）。ご主人名義の預金口座には、夫婦共に貯めてきたお金も多く含まれているでしょうから、引き出したくなる気持ちもよくわかりますが、相続放棄が無効になる点には留意しなければなりません。

　不動産の名義変更登記をした場合も、同じことがいえます。不動産の名義変更登記をする際には、（遺言書がない場合）相続人全員で遺産分割協議書を作成しますが、その遺産分割協議書に署名押印をすると、原則としてその相続人全員が相続放棄をすることができなくなります。遺産分割の話合いに参加するという行為は、相続人でなければできない行為だからです。

相続発生前に相続放棄はできない

　ちなみに、被相続人の死亡前に、あらかじめ家庭裁判所で相続放棄の申述を行うことはできませんし、死亡前に遺産分割協議を行うこともできません。仮に、被相続人の死亡前に遺産分割協議を行ったとしても、その遺産分割協議書には法的になんら効力のない、ただの紙切れです。

　筆者のもとには、ごくまれに、子が「父（被相続人）が生きているときに、ほかの兄弟姉妹には放棄する旨を一筆書かせているから、この書類で手続きしてください」などと、被相続人の生前に作った書類を持参してくることがあります。しかし、先述の通り死亡前の遺産分割協議は無効ですので、この依頼を受けることはできません。

　なお、被相続人の生前に相続放棄はできませんが、裁判所の許可を得て「遺留分の放棄」をすることは可能です。

✅ 3か月は意外に短い！

　「相続があったことを知ったときから3か月以内」という相続放棄の期限は、実際に大切な方を亡くした遺族にしてみれば、あまりに短期間すぎます。とくに喪主からすれば、葬儀が終わり、バタバタしているうちに四十九日になり、あっという間に3か月が経過するものです。相続財産の全体像すらまだ把握できないので、相続放棄をすべきかどうか考える時間的余裕なんてない、という人は多いはずです。

　この場合は、家庭裁判所に、相続放棄をするための期間伸長の申立てができます。期間伸長の申立てが受理されると、さらに3か月の期間の猶予が与えられることが一般的です。

✅ 「相続があったことを知ったとき」とはいつか

　基本的な考え方として、以下の❶〜❸をすべて知ってから3か月以内に、家庭裁判所に相続放棄を申述することで、相続放棄の申述は受理されます。

---

❶　被相続人が死亡したこと
❷　自分が相続人であることを知ったこと
❸　被相続人の遺産や借金があることを知ったこと[55]

　いまの時代、疎遠になっている家族も多いので、兄弟姉妹の相続

---

[55] 「相続財産がまったくない」と信じたこと等、正当な理由がある場合に限ります。

や祖父母の相続の場合には「死亡したことは知っていたが、遺産については何も知らない」というケースも少なくありません。

　実際に筆者が経験した案件で、被相続人（夫Ａ）が死亡してから６か月後、金融機関から妻Ｂのもとに督促通知が届き、夫Ａに2,000万円の借金があることが判明したものがありました。金融機関の担当者によると、この借金は、夫Ａが生前にバイクで人身事故を起こしてしまい、損害賠償請求を受けていたことによるものだといいます。通常であれば、自動車損害賠償責任保険（自賠責保険）で賠償しますが、夫Ａは自賠責保険に入っていなかったため、金融機関から3,000万円の借金をしたのでした。夫Ａは家族に心配かけまいと、その事実を家族に知らせず借金返済を続け、1,000万円までを返済した状態で亡くなりました。このため遺族は、非常に困惑した状態で相談にきたのです。

　幸い、夫Ａ名義の不動産等もなく、預貯金も少額のため引き出していないとのことでしたので、筆者は「金融機関から通知を受け取ることにより、"借金の存在を知った日"から３か月以内に相続放棄の申述を行えば、相続放棄ができますよ」と助言しました。このときの妻Ｂさんほかご遺族の安堵した表情は、今でも忘れられません。

　このほか、最近筆者への相談で多いのが、祖父母や兄弟姉妹の名義のまま長年放置された不動産が発覚するというケースです。

　ある日突然、市役所から「固定資産税未払い20万円」という督促状が届いたり、「倒壊のおそれがある建物の撤去・修理代130万円」という督促状が届いたりするのです。不動産がまったく身に覚えのない、遠方の土地であることもしばしばです。

　たとえば、次のようなケースです。

ケースA

　甲さんの両親は若いときに離婚しており、甲さんは父親とは幼少期から会ったことがない。その父親の父親（甲さんの祖父）は、不動産を所有していたが、甲さんは祖父の遺産など知る由もなかった。

ケースB

　7人兄弟のうち、子のいない兄弟が不動産を所有したまま死亡した。その後、不動産は誰かに名義変更登記をすることもなく放置されて、別の兄弟が長らく固定資産税を支払っていたが、その支払っていた兄弟もみな死亡したため、兄弟の子（甥・姪）に対し、一斉に固定資産税の納税督促状が送付された。甥・姪からすれば、そのような不動産の存在も、叔父の相続権が自分にあることも初耳であった。

ケースA／Bのような場合、たとえ被相続人が死亡してからかなりの期間が経過していたとしても、相続放棄できる可能性が高いです。筆者は、被相続人が死亡してから20年以上経過している相続放棄を、何件も行ったことがあります。

　もし、奥様に上記のような通知が市役所等から届いたときは、その通知書は相続放棄を行ううえで非常に重要であるため、絶対に捨てないでください。この通知が届いたときが、「知ってから3か月」という期限のスタートとなる、客観的な証明文書になります。中身の通知書はもちろん、消印のある封筒も保管しておきましょう。

✅ 借金以外を理由とする相続放棄

　相続放棄を検討するのは、なにも借金があるケースばかりではありません。

　筆者への依頼者の中には、プラスの財産しかないのに相続放棄をしたいという人も多くいます。たとえば、子供達はみんな都会に出てしまっていて、地元にある親名義の不動産の固定資産税だけが毎年かかってしまうというケースや、相続人があまりに多すぎて遺産分割協議に参加したくないというケースなどです。

✅ 相続放棄のチャンスはたった１回

　先述の通り、相続放棄の手続きは１人で行うことができますが、相続放棄の申述はたった一度きりしかチャンスがないという点に注意が必要です。内容等に不備があったり、照会書[56]の回答に不備があったりしたため、家庭裁判所に申請を却下されてしまった場合、再申述を行うことはできません。このため、手続きの際は、相続放棄に精通した司法書士または弁護士に相談することを強くオススメします。

　相続放棄が認められなかったら借金も背負うことになる、ということを肝に銘じて、慎重にならねばなりません。

---

[56]　相続放棄をする理由や単純承認にあたることを行っていないか等をチェックするアンケートのようなもの。

遺産分割と相続放棄の違いについての知識は、とくにご主人が自営業や会社役員という場合に、重要になってきます。

サラリーマンの家庭とは何が違うのかしら?

自営業や会社役員の方は、自社の連帯保証人になっていることが多いもの。その家族が経営にタッチしていない場合、会社の借入れについては何も知らないまま、隠れた借金のリスクを抱えているケースが多いです。

夫が会社の借入れの連帯保証人になっているので、その債務を相続してしまう、というわけね。

もちろん、第1順位の相続人（奥様・子）が相続放棄をした場合、すべての財産と借金は第2順位・第3順位（親・兄弟姉妹など）に引き継がれます。次の相続人との話合いが重要になってきます。

何も伝えずに、急に借金の督促が来たらびっくりしちゃうものね！

✔ 自営業の後継者以外の相続人は、相続放棄を検討すべき

　ご主人（被相続人）が自営業である場合で、事業の後継者であるお子様が遺産をすべて相続し、奥様は何も相続しないということであれば、奥様は相続放棄を検討するべきです。なぜなら、借金等の返済義務は、法定相続分に応じて負担することになるからです。

　たとえば、次のようなケースで大きなトラブルとなります。
　甲株式会社（代表取締役Ａ）は、銀行から事業のため３億円の借入れをしていました。代表取締役Ａは、個人として甲株式会社の連帯保証の契約をしています（このように、会社の連帯保証人に社長個人がなることはよくあります）。

　Ａが死亡し、甲株式会社の後継者は、長男Ｃとなりました。亡Ａの遺産は総額7,000万円ありましたが、妻Ｂと次男Ｄと長女Ｅは、それら遺産は甲株式会社の事業に必要だろうということで、気持ちの100万円だけを相続し、残りは長男Ｃが相続することになり、その旨を記載した遺産分割協議書を作成のうえ、Ｂ・Ｃ・Ｄ・Ｅは実印を押印しました。
　それから５年後、長男Ｃは経営手腕を発揮できず、借入れ３億円を返済しないまま、甲株式会社の経営は破綻してしまいました。

このとき、甲株式会社が借金の残額3億円を返済できないとなると、次は連帯保証人に請求が行きます。契約書上の連帯保証人はAですが、Aはすでに死亡しているため、その連帯保証人としての地位は、法定相続分の割合で相続されています（妻B：1億5,000万円、C・D・E：各5,000万円）。銀行からの返済請求に、遺族は顔面蒼白です（**図表8－A**）。

[図8－A]

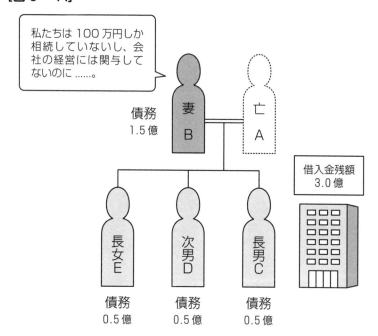

B・D・Eとしては、「私たちは100万円ずつしか相続していないし、会社は長男Cが継いだのだから、会社の債務は関係ありません」と主張したいところですが、この主張は認められません。相続人として遺産分割協議をしているからです[57]。

この場合、妻B・次男D・長女Eは、相続放棄をしておくべき

だったのです。

　妻Bのように事業の後継者ではない相続人は、経営状況を知らないからこそ、相続放棄を検討する必要があります。

　後継者Cの立場からすれば、妻B・次男D・長女Eへの相続分がゼロというのもさびしいので、せめてハンコ代として「100万円ずつ」、としたのでしょう。この気持ちもよくわかります。
　そのような場合は、遺産分割をするのではなく、妻B・次男D・長女Eが相続放棄を行い、全遺産を長男Cが相続してから、長男Cから妻B・次男D・長女Eにそれぞれ100万円を贈与する、という手法が考えられます[58]。

　なお、当初から妻Bが甲株式会社の連帯保証人になっているという場合は、たとえ相続放棄をしたとしても、その返済を免れることはできません。
　よって、ご主人が事業の借入れをする際、奥様は連帯保証人になるべきではないといえます。万が一のとき、相続放棄によって債務を回避できるからです。

---

[57]　なお、裁判例では、遺産分割協議に参加した相続人が、後日に多額の借金の存在を知って相続放棄しようとした例もあります。この裁判例では、まったく財産を受け取っていなかったこともあり、「遺産分割協議が要素の錯誤により無効なため、相続放棄できる」として、相続放棄が認められました（大阪高裁平成10年2月9日判決）。
　とはいえ、遺産分割協議に参加して実印を押すこと自体が単純承認したととらえるのが原則であり、「あとで借金が判明したら、そのとき相続放棄できる」ということではありません。
[58]　贈与の基礎控除である110万円を超えると贈与税がかかります。

✔ 相続放棄をすると、その債務が
　　次順位の相続人に承継される

　相続放棄を行う際、第1順位の奥様が相続放棄をすると、次は第2順位・第3順位の相続人が借金を背負います。

　たとえば **【図表8－B】** のような場合、亡Aの相続人である妻Bと長男C・次男D・長女Eが全員相続放棄をすると、第3順位である義弟Hに相続権が移ります。

[図表8－B]

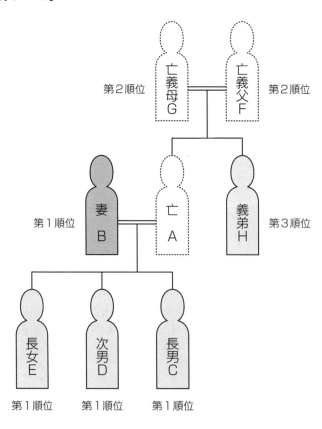

先順位の相続人が相続放棄した事実は、家庭裁判所等から通知や連絡などがされることはありません。亡Aに借金があるのであれば、義弟Hが引き継ぐことになりますので、前もって相続放棄を検討すべきことを知らせるべきでしょう。法的な義務ではありませんが、トラブル予防のため重要です。

全員が相続放棄したら

配偶者・子・両親・兄弟姉妹の全員が相続放棄をした場合、その遺産は「国のもの」となります（「国庫に帰属する」といいます）。

国のものとなるのであれば、相続放棄をした人にはもう関係がないかというと、そうではありません。相続放棄をした人は、次順位の相続人が管理を始めるまで、管理を継続しなければならないからです。

最後に相続放棄をした人は、裁判所に「相続財産管理人」の選任を申し立て、相続財産管理人にバトンタッチするまで、管理義務を免れることができません。相続財産管理人は、遺産を管理し、最終的には国に引き渡す業務を行います。

すべての遺産が現金であれば、国に引き渡して業務終了となりますが、実際にはそう簡単ではありません。不動産や有価証券がある場合には、できる限り売却等を行い、現金化しなければなりません。

遺産の中に不動産がある場合は、とくに要注意です。たとえば、建物が空き家で、老朽化して屋根が崩れ落ち通行人をケガさせてしまったり、倒壊して隣の家に倒れてしまったりした場合は、相続放棄をしたとはいえ管理責任が残っている以上、損害賠償請求を受けることになるでしょう。相続放棄をしたからといって、完全に安心はできないのです。

それならば、早々に相続財産管理人を選任すればよい、と思うか
もしれませんが、相続財産管理人を選任するうえで問題になるのが
費用です。相続財産管理人は弁護士や司法書士等の専門家がなるこ
とが一般的であり、その費用が発生します。専門家への報酬や、手
続きの経費は相続財産から支払われることになります。案件により
ますが、選任の申立て時点で相続財産が潤沢にない場合は、申立人
が、30万円から100万円程度を、裁判所に予納することになりま
す。都市圏であれば、100万円以上の高額になることが多いようで
す。

8 ③ 相続放棄をしても受け取れる財産がある

相続放棄をしたら、本当に何も資産を受け取ることができないの？
遺族として、いろいろと費用がかかることもあると思うけど……。

良い質問ですね！
相続放棄をした場合、被相続人の持っていた財産に手を付けてはいけません。しかし、相続放棄をしても、受け取れる財産があります。

たとえばどんなものがあるの？

代表的なのは、生命保険金や死亡退職金です。これらは、法的に被相続人の遺産とはならず、相続人「固有の財産」として受け取るものと扱われます。

そうなのね。それを知っているだけでも、相続放棄をするかどうかの判断がずいぶん変わってきそうね。

相続放棄をしても受け取ることが できる財産

相続放棄をするかどうか検討している間にも、遺族には、故人にまつわるさまざまな手続きが求められます。その中でも、とくにお金を支払う・受け取るという類の手続きには、注意を要します。「相続放棄をしても受け取れる財産」と「相続放棄をしたら受け取れない財産」があるからです。

両者を判断するポイントは、「もし故人が生きていれば、その本人が法的に受け取るはずのお金であったかどうか」です。本人が受け取るはずのものであったなら、遺産の中に含まれることになり、その遺産を相続人が受け取ってしまうと相続を認めたことになります（単純承認）。

次に挙げるものは、遺産には含まれず、相続人の「固有の財産」とみなされる財産の例です。これらは、相続放棄をしても受け取ることができます。

○ 生命保険金

生命保険金の受取人として奥様が指定されているのであれば、これは相続放棄をしても受け取ることができます。

たとえ受取人が「法定相続人」とされていたとしても、生命保険金は受取人固有のものであり、相続財産ではありませんので、やはり受け取ることができます。つまり、「借金等はすべて相続放棄をして、生命保険金は受け取る」ことも許されます。

ただし、生命保険の受取人が「被相続人」である場合は、その保険金は相続財産に組み込まれてしまい、受け取ることができません。

○ 死亡退職金

　ご主人の勤務先の就業規則や社内規程によって異なります。退職金の規定において、退職金を受け取る人の範囲や順位を民法とは異なる定め方をしている場合、遺族が「固有の権利」として受け取ることができます。相続放棄をしている場合も同様です。

　退職金の規定がなかったり、あったとしても受取人の範囲・順位がはっきり定められていなかったりする場合は、見解が分かれるところです。専門家に相談しましょう。

　なお、公務員の場合は、法令等により「固有の財産」として受け取ることができます。

○ 遺族年金

　遺族年金は、遺族がその「固有の権利」に基づいて受給するものであり、相続財産には含まれません。よって、相続放棄をしても受け取ることができます。

○ 未支給年金

　未支給年金とは、年金受給者が死亡した場合に、その者に支給すべき年金であって、まだ支給されていないもののことをいいます。

　たとえば、老齢基礎年金の受給権者が7月20日に死亡した場合、その者が最後に受け取る年金は、6月15日に支給される分（4月分と5月分）になります。

　未支給年金は、自動的に振り込まれるものではないので、遺族から請求しない限り支給されません。忘れずに請求しましょう

　未支給年金は、受給者である被相続人の財産のように思えるかもしれませんが、法律で「自己の名でその未支給の年金の支給を請求することができる」と定められており、「固有の権利」として受け取ることができます。相続放棄をした場合も同様です。

ただし、未支給年金を受け取るためには、次の❶❷の条件を満たす必要があります。

---

❶　年金を受けていた被相続人と「生計を同じくしていた」[59] こと

❷　配偶者、子、父母、孫、祖父母、兄弟姉妹またはこれらの者以外の3親等内の親族から請求すること

ちなみに、❷の請求には、請求できる順位があります（㊀配偶者、㊁子、㊂父母、㊃孫、㊄祖父母、㊅兄弟姉妹、㊆3親等内の親族）。

○ 葬祭費・埋葬料

被相続人が国民健康保険または後期高齢者医療制度に加入していた場合には「葬祭費」、健康保険・共済組合等の社会保険に加入していた場合には「埋葬料（費）」という名目で、給付金が支給されます。これらは、喪主が「固有の権利」として給付金を受け取ることになり、相続放棄をした場合も受け取ることができます。

○ 高額医療費の還付金（被相続人が世帯主ではない場合）

亡くなった方が、世帯主（または健康保険の被保険者）ではない場合、世帯主は相続放棄をしても高額医療費の還付金を受け取ることができます。

---

[59] 「生計を同じくしていた」……厚生労働省の認定基準では、「住民票上同一であるとき」「住民票上世帯を異にしているが、住所が住民票上同一であるとき」「住所が住民票上異なっているが、現に起居を共にし、かつ、消費生活上の家計を1つにしていると認められるとき」の3つの場合に分けて規定されています。実務上は、世帯全員の住民票等の添付書類、生計同一関係の申立書に基づいて認定を行います。

亡くなった方が世帯主の場合、高額医療費の還付金は世帯主の相続財産に組み込まれてしまうため、相続放棄をすると受け取ることができません。

○ 団体信用生命保険

住宅ローンの債務者（被保険者）が死亡したとき、保険会社から住宅ローンが完済される団体信用生命保険については、その保険金の受取人が債権者（金融機関）であるため、そもそも住宅ローンの債務が相続人に引き継がれることがありません。よって、団体信用生命保険に加入している住宅ローンについては、相続債務として考慮する必要はなく、相続放棄をしても遺族から申請の手続きをすることができます。

ただし、被相続人（故人）名義の住宅に同居していた相続人が相続放棄をする場合は、その住宅も放棄しなければならないため、住み続けることができなくなる点に注意が必要です。

○ 香 典

通夜・告別式の際に受け取る香典は、原則として喪主のものです。

そもそも相続財産ではないので、相続放棄をしても受け取ることができます。

○ 祭祀財産

祭祀財産とは、お墓、仏壇、位牌など、ご先祖の霊を祀（まつ）るために必要な財産をいいます。これらは、慣習に従って承継した人のものとなります。

そもそも相続財産ではないので、相続放棄をしても受け取ることができます。

相続放棄が認められない行為

次のようなことをしてしまうと、相続放棄が認められない（相続財産の処分にあたると判断される）可能性が高いです。

- ✕ 預貯金・不動産・株式等、被相続人名義の財産について相続手続をする（原則として相続したことを認めたことになる）。
- ✕ 高価な形見を受け取り、使用・売却する。
- ✕ 株式に基づく株主権の行使（被相続人が会社の社長かつ株主であった場合、安易に株主総会を開催して役員変更等を行うと、相続放棄ができなくなるおそれがある）。
- ✕ 相続財産である賃貸不動産の賃料の受取口座を、自分名義の口座に変更。
- ✕ 価値のある衣類を第三者に譲る。
- ✕ スーツ・毛皮・コート・靴・じゅうたん等の遺品を、すべて自宅に持ち帰る。
- ✕ 相続財産からの支出で、仏壇仏具・墓石を購入[60]。
- ✕ 被相続人が支払うべき税金・借金・医療費等を相続財産から支払う（相続放棄をすれば支払義務はない。これらを被相続人の財産の中から支払ってしまうと、原則として相続放棄ができなくなる）。
- ✕ 他の相続人から「手続きに必要だから」と署名押印を求められ、これに応じる[61]。

---

[60] 相続放棄を認めた裁判例もありますが、相続財産からの支出でこれらを購入することは、控えたほうが無難です。

[61] 相続放棄の意思があるのに署名押印を求められた場合は、「家庭裁判所で相続放棄の手続き中である」旨を伝えて、相続放棄が完了するまで待ってもらうしかありません。相続放棄の完了後に、相続放棄申述受理証明書を渡しましょう。この対応は、債権者や役所等に対しても同様です。

相続放棄が認められた事例

次の例は、相続放棄の後、相続財産に手を付けたかどうか（相続財産の処分にあたるかどうか）が、実際に裁判で争われた結果、相続放棄が認められたという事例です。

◎ 価値がなくなるほど使い込んだ被相続人の上着とズボン各1着を処分した。

◎ ほとんど経済的価値のない被相続人の身の回りの品およびわずかな所持金を引き取り、これに相続人の所持金を加えて、遺族として当然すべき火葬の費用や医療費残額の支払いにあてた。

◎ 被相続人名義の現金預金を解約してしまったが、預金を封筒等にいれ、他の現金とは分けて保管していた。

これらはあくまで、個別のケースにおいて裁判所が判断した結果であり、必ず同じ判断がされるわけではありません。

相続放棄をした場合、被相続人の財産には手を付けないに越したことはありません。

③ 相続放棄をしても受け取れる財産がある

◖あとがき◗

「"知らない"が故に相続トラブルに巻き込まれる方を、1人でも減らしたい」。そういった想いから、私たちはペンをとりました。

私たちは、多くの相続トラブルの渦中にある方々と接しており、「事前に相談してくれていたら回避できたはず」と思われる場面にたびたび直面しています。

私たちは、ラジオやセミナー、ブログ等を通じて相続対策の重要性を日々発信しています。しかし、1回のセミナーでお伝えできる方は少数ですし、お伝えできる情報量もごくわずか（本書の1章分くらい）に過ぎません。

「そうだ、本なら私たちの想いを多くの人に発信することができる」。

シンプルに、そう思いました。

それほどに、私たちの「知ってほしい」という想いを、本書に込めました。

本書を手に取ってくださった奥様はもちろん、そのご家族・お知り合いの皆様が、相続トラブルと無縁でいられることを願っています。

令和2年10月

筆　　者

◖参 考 文 献◗

JPコンサルタンツ・グループ『相続税の税務調査対策ハンドブック』（日本法令、2018年）

安達敏男ほか『相続実務が変わる！相続法改正ガイドブック』（日本加除出版、2018年）

飯塚美幸『目的別 生前贈与のポイントと活用事例』（新日本法規出版、2017年）

川嵜一夫『相続・事業承継のための いちばんわかりやすい家族信託のはなし』（日本法令、2019年、増補版）

税理士法人タクトコンサルティング『改正相続法・税制改正対応 "守りから攻め" の相続対策Q＆A』（ぎょうせい、2019年）

関根稔『相続法改正対応‼ 税理士のための相続をめぐる民法と税法の理解』（ぎょうせい、2018年）

堂薗幹一郎・野口宣大（編著）『一問一答 新しい相続法』（商事法務、2019年）

山本和義・水品志麻『相続対策に役立つ‼ 生命保険の基礎知識と活用法』（大蔵財務協会、2019年）

◖著者略歴◗

坂本将来（さかもと・まさき）
みなと司法書士・行政書士事務所代表
一般社団法人エンディングパートナー理事長
1984 年生まれ。2011 年の司法書士試験及び行
政書士試験に合格後、大阪市と愛媛県四国中央
市の司法書士法人勤務を経て、2016 年に愛媛
県八幡浜市にみなと司法書士・行政書士事務所を開業。セミナーや
ラジオ等を通じ、生前における相続対策をメインとした相続や終活
に関する情報提供を行っている。

古谷佑一（ふるや・ゆういち）
古谷佑一税理士事務所代表
一般社団法人エンディングパートナー理事
1983 年生まれ。2012 年税理士登録。愛媛県松
山市の税理士法人で 5 年間、愛媛県宇和島市の
税理士事務所で 2 年間の勤務を経て、2015 年
に愛媛県西予市に古谷佑一税理士事務所を開業。坂本司法書士とと
もにセミナーやラジオ等を通じ、相続税をメインとした相続や終活
に関する情報提供を行っている。

いちばんやさしい
奥様のための相続のはなし　　　令和 2 年 11 月 30 日　初版発行

　日本法令®

検印省略

〒 101 - 0032
東京都千代田区岩本町 1 丁目 2 番 19 号
https://www.horei.co.jp/

共著者	坂　本　将　来	
	古　谷　佑　一	
発行者	青　木　健　次	
編集者	岩　倉　春　光	
印刷所	日本ハイコム	
製本所	国　宝　社	

（営　業）	TEL　03 - 6858 - 6967	Ｅメール　syuppan@horei.co.jp
（通　販）	TEL　03 - 6858 - 6966	Ｅメール　book.order@horei.co.jp
（編　集）	FAX　03 - 6858 - 6957	Ｅメール　tankoubon@horei.co.jp

（バーチャルショップ）　https://www.horei.co.jp/iec/
（お詫びと訂正）　https://www.horei.co.jp/book/owabi.shtml
（書籍の追加情報）　https://www.horei.co.jp/book/osirasebook.shtml

※万一、本書の内容に誤記等が判明した場合には、上記「お詫びと訂正」に最新情報を掲載
しております。ホームページに掲載されていない内容につきましては、ＦＡＸまたはＥ
メールで編集までお問合せください。